且行且思十二年,渐行渐入语文门

——初为人师的十二年语文教学路

王 敏 著

苏州大学出版社

图书在版编目(CIP)数据

且行且思十二年,渐行渐入语文门:初为人师的十二年语文教学路/王敏著. —苏州:苏州大学出版社,2017.6
ISBN 978-7-5672-2091-1

Ⅰ.①且… Ⅱ.①王… Ⅲ.①中学语文课-教学研究-初中 Ⅳ.①G633.32

中国版本图书馆 CIP 数据核字(2017)第 096511 号

且行且思十二年,渐行渐入语文门
——初为人师的十二年语文教学路

王 敏 著

责任编辑 金莉莉

苏州大学出版社出版发行
(地址:苏州市十梓街 1 号 邮编:215006)
宜兴市盛世文化印刷有限公司印装
(地址:宜兴市万石镇南漕河滨路 58 号 邮编:214217)

开本 700×1000 1/16 印张 13.5 字数 243 千
2017 年 6 月第 1 版 2017 年 6 月第 1 次印刷
ISBN 978-7-5672-2091-1 定价:28.80 元

苏州大学版图书若有印装错误,本社负责调换
苏州大学出版社营销部 电话:0512-65225020
苏州大学出版社网址 http://www.sudapress.com

献给葛江人(自序)

  湛蓝的天空下,葛江中学校舍上空深绿的琉璃瓦流光溢彩,屋顶四角翘伸,形如飞鸟展翅,轻盈却不失厚重。校园里,红叶李一字儿排开,垂杨柳迎风招展;长廊与长廊相连,假山与池沼相应,长廊上满架紫藤盛开,教室旁朵朵含笑飘香。大学毕业就来到这所花园式的校园,我欣喜自己成为其中的一员。

  未进葛江,就听说葛江的教师个个态度严肃,教学严谨。严厉之下、可敬之余是否如哲人所说那般就少了可爱的人性人情呢?初来乍到,我真怕自己的慵懒在这里贻笑大方,心中期盼着有一个良好的开始!也许过于紧张,还没有走上讲台,我就在校门口偌大的平地上摔了一跤,膝关节鲜血直流,眼看着第二天学生报到,我却走起路来一瘸一拐,头脑中一片空白,炎炎烈日之下,我欲哭无泪,狼狈至极!

  没想到,第二天,我孤苦无助地走进自己的班级时,早已有一位老教师坐在门口等着我和我的学生们的到来。原来,领导考虑到我们小年轻才走出大学校门,恐怕难以处理好烦琐的开学工作,特地派了一位老教师来帮带。于是,这一整天,学生报到手续、收费问题、卫生工作、座次安排、书本发放、学前教育,都被安排得有条不紊!看着老教师跑前跑后,汗流浃背,我感激不尽!出门在外,这份雪中送炭的温暖,让我有了一个良好的开始!

  见习期马上拉开了序幕,大家都行色匆匆,忙得不可开交。我却一天天地感觉到失落与迷茫。原来在家乡有父母嘘寒问暖,有教授激扬文字,有同学共谈时事。现在,不但孤军奋战,还得带好108位学生!不,简直是108员大将!他们每时每刻都在审视着我!压力之大,可想而知。筋疲力尽之余的落寞滋味,只有苦涩的心灵独自咀嚼。这时,一群本地的教师走进了我的生活。他们满腔热忱,邀请我们几个外地教师中秋节在自己家中团圆,周末欢聚在阳光街头,国庆节流连于名胜古迹。他们领着我们了解葛江的历史、昆山的故事、苏州的文化……于是,寂寞的日子,在一点一滴地丰盈起来。

  我很快放松下来,封闭的心门逐渐打开,慢慢融入了葛江人的团体,感受着生命在压力与责任之中成长的喜悦。

　　压力与挑战首先来自于课堂教学。当班主任的前提条件是做个好教师，于是，掌握课堂教学艺术成了必须的本领。尽管很多教学理论我已经倒背如流，可是，该怎样融会贯通运用于实际呢？我没有经验，偏偏还遇上了课程改革。因此，我经常为了一堂课而夜不成眠，食不甘味。这时，一位位老教师身先士卒，为我们小年轻打开了一扇扇窗户：宋静娴老师的课亲切似潺潺的小溪，刘春芳老师的课悦耳像叮咚的山泉，刘晖老师的课随意如西子的笑靥；朱凤仙老师的课激越如奔泻的江流……在他们的影响下，我的课堂也有了优美的音乐、典雅的语言、空旷的图片、多彩的变化。我在学习与探索中体验着柳暗花明又一村的兴奋。曾经，我们为了寻找一盘合适的磁带而跑遍大街小巷，为了解决一个疑问而争得面红耳赤，为了设计一份试卷而熬得满脸疲惫，为了取得的一点点进展而高兴得欢呼雀跃。原来探讨教学、传播知识，就是解读生命、诠释幸福、播种希望、播种力量！

　　见习的日子过得很快，我在成长中感受着葛江人对教学艺术的追求，也欣赏着他们在教学管理上的智慧。在这里，大家的口号是："把教育当一项事业来做，而不仅仅是事情。"我们组里的一名普通教师，为了管理好自己新接手的一个班级，把才几个月大的女儿送到了遥远的内蒙古，自己全身心扑到了工作上，经常晚上七八点钟还在回家的路上。是的，我们的八小时工作日不再局限于办公室：有着十几年教学工作经验的老教师喜欢和学生泡在教室，感染着他们的热情、诚实和纯真，用"童心"这面镜子审视日渐风化的心灵，于是越来越爽朗青春；才踏上工作岗位的青年教师，偏爱和学生在绿茵场上拼搏，在实验室里交流，聆听着不同个性学生的心声，急学生所急，想学生所想，于是教学管理日渐科学而成熟。

　　看着一个个葛江人终日唱着别人的歌曲，握着别人的故事，却乐此不疲，而又默默无闻，我不禁想起四个字"真水无香"。读过不少名言警句，都是教人进取、催人奋斗的，哪一句比"真水无香"更宁和、透彻，充满清气？那些名言警句都是鼓励人有目标要去争取的，而"真水无香"却是没有争取的目标，只是一种境界：自然，清澈，淡漠无痕，空阔无边。就像这些默默的葛江人，只是心无旁骛地专注于学生，想尽办法充实着生命，拓展着内涵，挖掘着潜力，人性化的、真实的、存在于这个喧嚣而急功近利的商品社会，痴情不改，人生无悔！

　　从2002年大学毕业至今，一晃十五年，我就在这所旅日爱国华侨捐建的公办学校成长。这样一个共同奋进的大集体，静悄悄地将我从一名稚嫩的本科生培养成了一名教育硕士，从一名迷茫困惑的毕业生转变成了一名以教育为终身事业的职业人。

十五年的时光，在适应、磨合、探索、积累、历练中如斯逝去，这段岁月让我逐渐褪去了刚出校门的稚气和冲动，多了几分成熟与冷静、激情和梦想。它是我人生的一个重要的缓冲和积累的过程，使我的能力得到了提升，心灵得到了锤炼，人格得到了升华。

如今，我将自己短暂的十五年教学生活中的前十二年的部分文稿汇集成书，以这些评上中学高级教师之前的点点滴滴积累，表达我对葛江中学的感恩之情。也勉励自己以此为起点，将宝贵的时光带给我的财富转化为生活的动力，以不减的激情投入到人生新的阶段。

刚刚大学毕业的师范生们，或者新进入教师队伍的年轻老师们，你们或许会像当初的一无所知的我一样，遇到一些成长过程中的困惑与痛苦，我的经历或许可以成为你们成长的扶梯，助你一路前行，一路绿灯。

以此为序，献给葛江人。

王　敏
2017年5月

目 录

第一章 取经：他山之石，可以攻玉

1. 让课堂涌动生命的交流 ／1
2. 加强整体阅读，深入文本 ／3
3. 钻进去，走出来 ／5
4. 大港中学归来 ／6
5. 独学而无友，则孤陋而寡闻 ／6
6. 日知日思，日知日写
   ——加入读书会后的反思 ／8
7. 经典篇目的创新与语文味
   ——《藤野先生》研讨课的收获 ／10
8. 以学定教上《藤野先生》 ／11
9. 大道至简
   ——听宋静娴老师的《呼兰河传》有感 ／12
10. 大胆取舍，潜心细读
    ——《药》的启示 ／14
11. 深入文本，恰当引导
    ——再听宋静娴老师的《呼兰河传》（节选）有感 ／15
12. 师者的姿态
    ——2012杭州"千课万人"活动的收获 ／17

13. 看山还是山,看水还是水
　　——读老刘的"功夫在诗外"有感　/ 18
14. 简洁而不简单的教学设计
　　——以《散步》为例　/ 19
15. 把握规律,尊重规律　/ 21
16. 用一生磨砺教堂,用一生追求理想
　　——读白金声老师《一个语文特级教师的修炼之道》有感　/ 22

第二章　摸索:小马过河,大胆尝试

1. 珍视后进生的思考　/ 26
2. 《长征组歌》学情把握与教学内容的确定　/ 28
3. 在实践中运用语言文字　/ 30
4. 诗歌单元教学也要让学生动起来　/ 34
5. 笑料百出的课本剧表演　/ 35
6. 初三更要好好朗读　/ 37
7. 如何唤醒学困生学习语文的欲望?　/ 38
8. 教学之乐　/ 39
9. "一扇门"前的困惑　/ 41
10. 穿新衣啦!　/ 42
11. 记事写人线索清楚　/ 43
12. 作文升格:原来我也如此美丽　/ 45
13. 批作文有感　/ 48
14. 睁亮双眼看世界,敞开心扉炫我心　/ 49

第三章　反思:瞧瞧设计,想想学生

1. 《枣核》教学设计　/ 54
2. 《故乡》教学设计　/ 58

3. 《口技》教学设计详案　/ 64

4. 课堂不仅是一个名词
　　——《口技》教学反思　/ 68

5. 名著推荐与阅读《筑路》教学设计　/ 71

6. 名著推荐与阅读《筑路》修改稿　/ 74

7. 初中语文教学与心理健康教育的渗透与融合
　　——以名著推荐与阅读《筑路》为例　/ 78

8. 《享受生活》说课稿　/ 82

9. 《热爱生命》教学设计　/ 88

10. 多媒体整合课：专题《朝花夕拾》教学设计　/ 91

11. 修改专题《朝花夕拾》教学设计　/ 100

12. 《范进中举》教学设计　/ 107

13. 《范进中举》教学反思　/ 110

14. 《背影》教学设计与反思
　　——经典与我　/ 118

15. 耐人寻味的相似与相关
　　——《蔷薇几度花》教学解读　/ 125

第四章　提炼：凝神驻足，积累提高

1. 为有春风巧得力，枯木也能成绿荫　/ 129

2. 初中语文教学逐渐接近并满足学生学习兴趣的实践操作　/ 134

3. 在常态课中加强朗读教学，提高课堂实效　/ 138

4. 浅谈小说教学内容的取舍
　　——以同题异构《社戏》的课堂教学为例　/ 142

5. 从学生中来,到学生中去
　　——从《朦胧的敬慕》教学案例引发的思考 / 146
6. 浅谈中学生作文个人思考的缺失与对策 / 149
7. 重视学生直觉思维能力的培养 / 153
8. 运用对比增强文章感染力 / 157
9. 由知而行,由学而用 / 163

第五章　回望:了解学生,看清自己

1. 习惯 / 169
2. 经历并体验——生命的必须 / 170
3. 武断的经验 / 172
4. 两种演讲,一种态度 / 174
5. 没有错过 / 175
6. 让我痛并快乐着的娃们 / 176
7. 偶遇——耐心守候 / 178
8. 还有什么理由不快乐? / 179
9. 2009,激情奋战的日子 / 180
10. 2010,重新开始学做一个老师 / 183
11. 2011,这一年的教学路程 / 184
12. 2012,开始起步的教育教学研究之路 / 187
13. 2013,明确方向 / 189
14. 我的语文教学成长之路:入与出的辩证发展
　　——致青年教师 / 190

参考文献 / 201

第一章

取经：他山之石，可以攻玉

1. 让课堂涌动生命的交流

2009年12月4日,在这个微冷的冬天,来到常熟。有温暖的阳光照耀,更有久违的高中语文课堂展示与观摩浸润我心,这一天,异常丰润充实!

听了三堂课:常熟的《鸿门宴》、相城区的《青龙偃月刀》、袁卫星老师的《泰坦尼克号》。很遗憾,第一堂作文课没有听到。

《鸿门宴》第三教时,前两节课教师已经与学生一起疏通了文本,落实了文言字词,并且布置了回家作业,课前教师已经把学生的质疑问难的题目整理好,教师的第三教时就是根据学生的质疑问难而设计的一节质疑课。

爱因斯坦说:"提出一个问题比解决一个问题更重要。"诺贝尔奖得主李政道博士也说:"我们现在的学校教育往往是学'答',学答案固然很重要,但学习怎样提出问题和思考问题,应在学习答案的前面。"现在,我们的阅读教学也在着力培养学生喜欢读书生疑、形成问题并且敢于提问、会提问的良好品质,力图使学生能自己发现问题、提出问题,但是,我们常常是在全盘分析感受了文章之后象征性地问问:"还有什么不懂的吗?"所谓的"不懂",无非是"我给你的知识,你还有哪些不能理解?"或者,稍微高明些的,将质疑作为一个教学环节,引入课堂,作为一个环节,装饰课堂,点缀思维的火花,却并不能使之燃烧得多么灿烂!

很佩服这位老师,文言文的教学居然敢开质疑课! 而且,整堂课都是学生质疑的问题。我以为,这是对学生的尊重。古语说:"疑乃学之始、思之端。"质疑问难,对老师的"导"学功底是一种严峻的考验。

一方面,要求教师对文本的研读有足够的深度和广度。的确,这位老师非常熟悉那段历史,旁征博引《管锥编·史记会注考证》和《汉书·高帝纪》,紧扣文本,将刘邦成功逃脱的方方面面原因按由主到次的逻辑顺序一一分析出来,教师紧扣文本中精彩的人物语言,成功运用比较法教学,将刘邦、项伯、樊哙、项羽等形象鲜活地树立了起来,在将学生引向文本的同时也将思维的触角伸入了那个险象环生的时局之中。此时,学生不仅进入了文本,而且学到了从文本中来就在文本中解决问题的学习方法,可以说是"授之以渔"了。所以,后来学生提出的很多问题,也都由学生自己解决了。另一方面,运用质疑教学要求教师必须善于发问,能够敏锐发现学生提问的价值之所在,教师也必须有深厚的文史哲知识功底,才能自如应对学生的"八面来风"。这位教师由于备课备足了,才能由这一课而教会学生树立"看《史记》应看全篇,看全人,不能因一篇废一人,废一事"的观念,从而开拓了学生的思维空间。

紧扣文本,比较阅读的运用恰到好处。本节课朗读比较了刘邦、项伯、樊哙、项羽说辞的异同,比较朗读体会了《汉书》简洁的叙述与《史记》详细精彩的描述,能让学生体会到司马迁的记述之美。

《青龙偃月刀》的教学逐层深入,批文入情,由一把剪刀,读出何爹这类人精湛的技艺、纯朴的情义及其对传统文化固守的执着,让我看到教师本身对文本深入解读的重要性。

只有站得高,才能望得远。作为一名语文老师,一方面,得与书为友,常读书,常思考,不但具有本学科的基本知识,还要有历史、文化的知识,哲学思辨的能力;另一方面,要有了解学生、研究学生的教育学修养。此次听课,让我看到了自己身上的任务所在。

与前两堂课比较起来,袁卫星老师的《泰坦尼克号》,无论教学设计还是课堂氛围,都更关注学生一些,让人感觉到一种课堂生命的逐渐凝聚与扩散。这是我理想中的课堂生活,有幸能够一起体会感受,真得感谢宋老师和袁老师给了我这个机会!

心灵的对话和生命的交流,大概是《泰坦尼克号》让我着迷的原因所在。的确,诚如老刘所说,我们在探讨语文应当怎样教、教什么的时候,的确也该跳脱出来,思考一下"课堂"应当是怎样的一副面貌。只有当课堂是学生和教师平等对话、一起成长的课堂了,"语文课堂"才有可能成为有它独特的"语文味"魅力的课堂。我们有的时候是否过于执着于自己对教材的理解与把握,过于执着自己眼中的所谓重点与难点,而没有真正把研究学生放在研究文本之前?毕竟,语文教师在教语文的过程之中,首先应当是一名教育工作者,只有在了解学情、懂得课程、熟悉课堂之后,才能教好语文。

从这一点来说,《青龙偃月刀》实际是有片面强调知识传授之嫌,学生的参与、沟通很是被动,学生的创造几乎没有,教师的解读代替了学生的言说与思考。

而《泰坦尼克号》则充满了学生的体验、探究与交流。通过朗读,依据台词,探究其后的潜台词,学生的朗读与老师的引导浑然一体,让人感觉到润物无声的舒坦;教师的提问:人称代词一处是"我",五处是"你",能否把其中的四处改成"我们"?轻巧地让学生体会到杰克全心全意的爱情,他把生的希望给了所爱的人,而把死亡留给自己!像这样的智慧,在这堂课中还有体现,例如对罗尔和希勤思相同语气之中不同意图的体会,让学生在杰克的神圣爱情之外还读出了危险情境下人性的善良与人道主义的光辉,而这些,绝对不是教师给予学生的,而是学生朗读体会出来的!还有,袁老师对文中几处省略号等标点符号的朗读指导,真是细腻极了!

学生的主动合作学习、探究思考,能够被如此自然地激发调动起来,学生的学习状态能够如此自由轻松,我想,这一定是基于教师在真正了解与尊重学生之后举重若轻的教学设计,一定是由于教师本人语文素养人文积淀的厚积薄发。此次听课,让我看到了自己努力的希望之所在:从了解研究学生、了解研究课堂开始,打开知识面,开拓思维,让课堂涌动师生生命的交流。

有梦才有明天,有探索与积淀,才有梦的实现!

2. 加强整体阅读,深入文本

现在初三复习中碰到的最大问题是:学生做课外阅读理解时,读不懂文章,由于不能准确全面地理解文意以及把握作者情感,做题目的时候往往浮于表面,答不到点上,甚至是南辕北辙,造成误读;或者,需要从好几个不同角度切入的题目,只答到一两方面,无法答全,导致课外阅读十七分的分值只拿到六七分,失分严重。

该怎样解决这一问题呢?这是我一模和二模之后一直郁闷的事情。在复习过程中,我想了很多解决问题的办法,都以失败告终,够打击人的!

但是,事情总会出现转机的。只是要看积累的程度与机缘巧合的相遇是在哪一个点而已啦!

2011年5月19日和20日这两天,我在吴江实验中学一连听了六节课:三节《与朱元思书》、三节《桃花源记》。上课的老师都是各地区的学科带头人或者是教学能手。其中,《与朱元思书》一文的教学被一位专家批得够呛。这位专家引用《与朱元思书》中的原文说:一位老师的教学可谓是"游鱼细石,直视无碍";另一位是"好鸟相鸣,嘤嘤成韵";还有一位是"横柯上蔽,在昼犹昏"!真是一位犀利哥啊!

但是,我却很感谢这三位被专家批得几乎体无完肤的老师,他们以自己的尝试与实践给了我深刻的启发。

"游鱼细石,直视无碍"的老师,不是平常的自己吗?我平常的教学,注重基础知识的落实,像这位上公开课的老师一样,一句一句地分析,亦步亦趋,生怕漏掉哪一个知识点,生怕哪一个点没有讲到,有时,也命令自己放弃一些,但是,转念一想,课内的阅读,万一考试考了,那不就是自己的失职吗?注重细致分析,往往容易导致只见树木不见森林,整体把握不够!

"好鸟相鸣,嘤嘤成韵"的老师,不是平常的自己吗?我平常的教学,也喜欢设计一些品读词句的环节,让学生仔仔细细地读:负势"竞""上"的"竞""上"、争高直"指"的"指"分别有怎样的表现力啊?像这样的设计,在为了达到自己的某个教学目标必须要设计的时候,当然是需要的。但是,如果设计得过多,那么势必导致老师只灌输给学生纯粹的知识,而剥夺了学生的阅读,去习得知识!力求完美必然造成重点难点不突出,学生什么都知道点,什么都体会不深!"好鸟相鸣,嘤嘤成韵",只知大概的旋律,没有认识领唱的主角!

"横柯上蔽,在昼犹昏"的老师,不也是平常的自己吗?课堂上有些环节的设计,自己也没有仔细想过,这个环节的设计,目标是教参上的知识,是作为单元教学必须要落实的语言训练点,还是扣住文本个性而设计的语言活动?就那样模模糊糊,没有明确的各年级的学情分析,没有明确的各个单元目标的设计,没有站在学生立场的文本分析,想当然地自以为细致地备课,由于缺乏整体上对学情的关照,怎么不让人稀里糊涂呢?

真实的课堂都有瑕疵,关键是我们要意识到自己的问题所在,然后想办法解决。这次听课让我知道了,学生读不懂文章,关键还在于我平常没有以有效的方式教会学生整体把握文章!自己平常的课堂,整体的文本把握和学情把握都不够,怎么能要求学生有多厉害呢?亡羊补牢,未为晚矣!

的确,正如那位犀利哥所说,关键还在于教师本人的阅读!读文本,力求整体把握,紧扣语言;读学生,力求学生立场,知道学生哪些不懂、需要些什么。

每次出去听课,我都很期待。一方面期待学习其他老师的一些长处;另一方面则是发现其他老师上课过程中可以改进的地方,思考问题之所在。

3. 钻进去,走出来

这两天仔细看了老余(余映潮)的五篇教学实录,随手做了些笔记,敬佩他那浸润着严密思考的精心设计。他以自己的眼光阅读文本,有效率、有趣味地组织教学内容,他的每一篇教学实录都有对文本的发现与创造性运用,以至于我老想着在自己的课堂上用上他的一鳞半爪。

但是我发现用心上一两堂课也许可以做到,但每一节课都像他这样新颖而简洁地上好就很难。我钻研教材的素养不够,关键是知识的聚集不够以及思想的底蕴不足,所以难以像他那样达到"把玩教材"的境界。

其实"把玩教材"不但要准确地把握学情,关键要有一棵语文教学的知识树深植在心中,还要有与时俱进的教学艺术追求。万变不离其宗,教师胸中有全局才能居高临下、千变万化,但又运用自如。

积累知识,钻研教材吧,进得去,方才出得来!

4. 大港中学归来

走进江苏省大港中学，一个长方形的喷泉，在教学楼的映衬下显得格外娴静优雅。修长的水柱向池心飞溅，在水面荡起一层层涟漪，让远道而来的我们在疲惫中添了几分轻松。

周末的港中，在阳光的沐浴下，明亮灿烂；优美的校园，因为各地名师的到来，温暖丰实。坐在报告厅，感受着唐江澎老师随意而机智的课堂交流，被他深厚的学养所孕育而出的无拘无束而又切中肯綮的点评指导所折服。此刻，一切方法或理念的学习都成为点缀，教师本人积淀底蕴的芳香就足以让人沉醉。

散步在校园，作为一个学生，角色的改变让一直萦绕在心头的有关几个问题学生的处理和有关复习课的上法，都从脑子里清除了，顿觉浑身清爽自在；坐进报告厅，和老师们一起感受名师们的风采，学习者的身份让我脑子里充斥的有关应试的东西渺小得自我遁形，并萌发了继续解读文本的兴趣。

从镇江大港中学归来，收获最大的大概就是这样一种悠闲自在的继续潜心于文本解读的心境吧！在忙乱而急功近利的应试的日子里，像这样出去放放风，真的挺好的！

5. 独学而无友，则孤陋而寡闻

说实话，我不喜欢名目繁多的培训与考试，因为大部分都是在浪费时间、浪费生命。我宁愿自己一个人静静地阅读，享受发现与思考的乐趣。学校通知参加国培时，我以为又是一次形式主义的过场，不免有几分不快。但是没有想到，2011年，在国培即将结束时，我竟然有了几分不舍。真希望一直会有切合我们一线教师需要的相关视频和讲座永远对我们开放，随时可以点击，随时可以阅读学习。

回顾学习的过程,国培对我的帮助主要在提醒与引领两方面。

提醒及时

国培于我,主要是思想上的提醒非常及时。作为一个一线教师,学习课程标准是理所当然的。可是,能够把课程标准把握到什么样的程度,却是因人而异的。正在我浮于表面地看着课标的时候,国培安排了对于课标的学习,不但有基本条目掌握情况的考察,而且还有一些被我所忽略的环节的提醒,例如,语文课程的工具性与人文性的并重、口语交际的重要性等。新课标的学习让我进一步深刻认识到语文学科的综合性和实践性的特点,让我有意识地给学生更多语言实践的机会。

另外,是行动上的提醒。每当一天的教学工作做好之后,坐在电脑前面,打开培训的网页,不但可以看到辅导老师的提醒,督促我整理自己的一些想法,而且可以看到其他同伴提出的问题或者是教学经验的分享。这些思考,就像一个个思维的火花,激活了我或模糊或空白的思维,让我进一步审视自己的教育教学工作,以便做出下一步的改善或者是规划。因为有这些温馨的提醒,每一天的行动都有了更明确的方向。

引领在前

沉溺在烦琐的教育教学工作之中的我,也经常会有一些一闪即逝的想法。可是因为没有及时讨论学习,那些想法也就消失在日常的琐碎之中了。专家讲座和视频适时出现了,真是恰到好处!我喜欢杜志兵老师的《教学设计中的学科特色与学生要素》,它让我对学生要素有了更全面的理解;王荣生老师的《语文教师如何进行有效的反思》和曹文轩老师的《培养学生的文学美感》都是我反复学习的;特别是钱理群老师的《中学语文中的鲁迅作品教学》,让我进一步深刻地认识到对于学生要素的考虑关键是找到鲁迅作品与学生生命的契合点,教适宜于学生学习的内容。在钱老师的指导下,我再一次从头至尾阅读了《朝花夕拾》,感觉可以跟学生学习的东西实在是太多了。这本散文集强烈的生活气息,可以让我们读到那个时代的风俗人情,读到童年鲁迅和少年鲁迅的心路历程,由此可以读到贪玩、热爱自然的鲁迅先生——少年鲁迅身上不也有我们学生的影子吗?专家的引领,让我知道该如何修改自己原先的教学设计,让我进一步深入了文本,也让我有了更多的思考方法。

除了专家引领之外,班级团队的引领也是让人获益匪浅的。我们是一个由100多人组成的大集体,大家来自不同的地方,因为都有一份学习探索的心愿,我们凝聚在一起。网络空间里,国培导师王霆老师不断地鼓励我们积极抓紧时间,积极讨论发帖,不断地引领我们深入思考;发帖的空间里,大家真诚地提出自己的看法,共同出谋划策解决同学们遇到的棘手问题,我们彼此也同时被组内组外的同学所激励,看到自己曾经忽略的一些领域。例如,作文教学中读者意识的培养就是我现在才有的观念。组内讨论,班级推优,团队引领,让我也开始思考语文课程的一些问题。

独学而无友,则孤陋而寡闻!来自四面八方的真诚探讨与争鸣,是我喜欢倾听的。感谢来自国培的提醒与引领!感谢一起走过的老师们和同学们!以后的日子,想到大家,会有一种异常温馨的回忆!

6. 日知日思,日知日写
——加入读书会后的反思

培根说:"读史使人明理,读诗使人灵秀,数学使人周密,科学使人深刻,伦理学使人庄重,逻辑修辞之学使人善辩:凡有所学,皆成性格。"可见阅读的重大作用。

我从教书以来,从来没有停止过读书:从于漪到陶行知,从郑桂华到李镇西;从丁如许到万玮;从冯德全到昆德拉……无聊就读书,这是学生时代养成的习惯。可是,我为什么始终无法得到提升呢?

原来,我从来没有坚持读书,总是随手翻一翻,每每看到会意处,激动一时,对教育教学,热情满怀,立马就在课堂上尝试一番,之后,生活又恢复平淡。满腔热情又被日常琐事淹没在常规之中。偶尔,又被激起一阵学习兴致,重又灵光闪现,然后,又是机器式地应对接踵而来的日子。三天打鱼,两天晒网,自然就没有长足的收获。

原来,我从来没有系统地读过书。往往厌倦了庸俗的日子,才打开书;往往不满于陈旧的教学方式,才寻找书;往往枯萎了思想,才期待书。总是缺什么才找点什么,而没有在参加工作之后形成新的教育教学的知识体系,自然就捉襟见肘,书到用时方恨少!

最要命的是,书是书,我是我。读书,让我休息了,让我静心了,也让我贫瘠了自己的思想。我那思维的惰性让我总是仰视别人的生命,淹没了自己的声音!

是的,书是不会来拯救我的。它们往往无视我思维的慵懒,它们往往在别人的领空自在飞翔,却从来不会可怜我思想的苍白与空洞。

其实,每天抽出一点时间读书,并不困难。困难的是,每天抽出一点时间思考书中的言说。

其实,每天抽出一点时间思考也许可以做到。但是,困难的是,每天抽出一点时间写作,勇敢地表达自己的思考。

是的,对于我来说,逐渐形成自己的思想,这是最最困难的。

洛克说:"阅读只是给头脑提供认识的材料;思考才使我们阅读的东西成为我们自己的。"可见思考的力量。

学而不思则罔,思而不学则殆。一个没有思想的老师就像一个没有灵魂的人一样可怕!作为一名教师,不仅要教给学生知识,更重要的是要提升学生的思想、开启学生的智慧。只有读书与思考写作相结合,教学思路才会更加清晰,教学经验才能得到总结,教学理念才能得到升华,课堂教学才能取得长足的进步。一个能将思想付诸文字并付诸教学实践的老师,会是让学生敬重的有"才气"的老师。

老师进步了,学生耳濡目染老师的一言一行,自然也会有所长进。

是的,让我们形成新的生活状态吧!其实,我们读书,不一定要成为名师,只是为了改变旧的生活方式,让思索与写作融进我们的血脉,推动我们新一轮的突破与成长!

就像作为一个母亲,没有自己的思索与成长,又能给孩子一些什么呢?

日知日思,日知日写,希望我能在老刘的引导下,在各位伙伴的督促下,逐渐走出自己的风格!

7. 经典篇目的创新与语文味
——《藤野先生》研讨课的收获

鲁迅的文章作为语文学习的课文，在教学设计时，我们该从什么角度切入来安排教学目标、设计教学流程、组织教学活动呢？

何东阳老师选择从"深沉和冷峻"切入，令人眼前一亮。这是我们教参和平常教学中都不曾设计运用过的一种教学思路。对经典篇目的创新教学总是充满挑战性和新鲜感！再加上何老师又有鲁迅式的热情，这一课的教学给我们打开了思考的闸门。我想这是比给我们一个正规的上课模板更有价值的东西，因为模板可以复制，而思想是需要碰撞交流的，是无法粘贴的！

但是我很想与何老师商量一下：从"深沉和冷峻"切入诚然新颖，可是就这样把教学目标和教学重点定为鲁迅深沉的情感、冷峻的批判，这样定教学重点真的恰当吗？何老师把这篇课文的语文核心价值定在由文读人，即读出鲁迅深沉的爱国之情、冷峻的批判之情，我觉得这一目标本身是有失偏颇的。

首先，鲁迅的爱国之情与批判的冷峻固然重要，但是把鲁迅的文章放在中学课本里学习，主要是为了让今天的学生去"深刻理解"鲁迅多么爱国吗？主要是为了让今天的学生"深刻理解"他的冷峻，从而让学生顶礼膜拜作为一个思想家的鲁迅吗？况且，仅仅通过一篇怀念恩师的散文就能深刻理解到位吗？我认为，鲁迅首先是一个文学家，鲁迅思想的深刻是通过属于他的独特的语言表现出来的，我们教他的文章应该教的是作者是如何表达深沉的情感、冷峻的批判的，这才是比理解思想更加语文味的内容。

其次，《藤野先生》作为一篇典型的叙事写人的回忆性散文，作者回忆了先生对自己的亲切关怀和严格教诲，赞扬他的正直热诚、严谨治学和毫无民族偏见的博大胸怀，抒发了怀念之情，并追述了自己当年弃医从文的思想变化历程，表达了不忘恩师教导、认真做人的决心。我觉得，作为一篇表达对恩师怀念和感激之情的回忆性散文，这篇文章中表达的鲁迅的感情是以温情和柔软为主的，冷峻的批判只是在其中的一根暗线上有所表现而已。体会鲁迅冷峻的文风不是不可以，毕竟这种风格已经融入鲁迅作品而形成一种他的标志了，但是将之作为一堂课的教学重点则有点喧宾夺主了！作为一篇散文，它最主要的价值恐怕还是在于明暗两根线索让文章形散神聚，或者是像陆寅老师一样把它的核心价值定在记事写人的多角度、多层面，感情的逐层深入推进方面。

这一次研讨，让我看到了经典篇目的创新教学，其实还是像传统的教学一样，关键还是先要解决"教什么"的问题。"教什么"每次都可以不一样，可以依据文本的特点、单元教学的需要和语文课程教学的具体需要而有所调整、有所变化，但是有一点是不能变的，这就是必须要切合学生实际，体现语文味。

最后，谢谢何东阳老师！我要学习何老师深刻地解读文本和勇于尝试创新的精神。

8. 以学定教上《藤野先生》

2011年2月22日，星期二，在这个四个二碰巧相逢的日子，昆山市初中语文二片的第一次片活动在葛江中学顺利举行。参加活动的有来自国际中学、花桥中学、玉山中学、城北中学、亭林中学等9所中学初三毕业班的40多位语文老师。

这次片活动围绕"毕业班的阅读教学如何展开"这一主题有序展开。主要有三个议程，首先由两位老师上课，接着葛江中学的朱凤仙老师做有关阅读教学的主题发言，最后教研室教研员宋静娴老师强调2011年的中考精神。

这次活动，两位老师上的都是《藤野先生》，花桥中学的尹仙菊老师是从"如何扣住中心选材"的角度来上这篇课文的，而玉山中学的於洪玲老师则是重在分析藤野先生这一人物形象以及如何刻画这一人物形象。这就给我们提供了一个从不同角度利用同一文本的范例。尹老师的课堂给了学生更多的思考时间，思维活跃的学生有不少精彩的表现；於老师的课堂对《藤野先生》的把握由浅入深，巧妙的背景介绍的插入，让绝大部分学生都理解了藤野先生对"我"的平等的尊重，毫无民族偏见的伟大之处。这样也就突破了学生把握人物的难点所在，同时，也使学生了解了鲁迅先生思想转变的过程。可见，同样的一篇《藤野先生》，由于两位老师对文本的处理不同，学生的课堂反应不一样，课堂收获也就完全不一样。

这两堂课，也都有一些遗憾之处。

尹老师的课堂，教师有尊重学生、把时间留给学生的意识，但是没有事先充分考虑到学生课堂可能出现的情况，所以，后来老师被学生牵着鼻子走，打乱了预先设计的教学目标，整个一堂课既讲了藤野先生和鲁迅这两个人物，又涉及了鲁迅的心路历程，还讲到了明线、暗线两条线索，但都没有细致深入，材料与中心这一点没有很好地解决，所以显得有点凌乱而没有突出重难点。

於老师的课堂，第一个环节，给标题前加定语就已经基本解决了藤野这一人物形象，只是对于他的平等、尊重"我"、毫无民族偏见，学生还没有深刻的认识。这时，於老师在第二个环节"如何刻画人物"这一板块仍然重复了第一环节的一些基本认识，然后才深入到学生对人物认识的难点。於老师在很老到地引导学生跟着自己的思路前进的同时，悄悄地剥夺了学生思维走向纵深的机会。后半堂课，学生表达发言的机会太少。

因此，这两堂课让我们教初三的同仁深切感受到对学情研究和把握的重要性。

葛江中学朱凤仙老师的发言就以"以学定教，教学有道"为主题，结合教学实践跟我们谈了阅读教学的实践与思考，进一步让我们感受到在研究文本的同时研究学情的重要性。

最后，教研室宋静娴老师更是结合中考的会议精神，结合中考试卷的每一种题型，给全体初三语文老师详细讲解了一些重点要注意的地方，让我们感觉到对学生能力培养的紧迫性，以及教师研究教学、研究文本的必要性。

9. 大道至简
——听宋静娴老师的《呼兰河传》有感

4月17日，星期二，在苏州市相城实验中学听了昆山教研室宋静娴老师执教的《呼兰河传》，简洁的教学设计、安静的课堂、教师干净的语言，都给我留下了深刻的印象。

宋老师的教学设计是简洁朴实的。首先是作者及作品介绍；然后学生自读课文，思考文本写了什么、表达了作者怎样的感情；接下来细读学习作者哪些地方表现"自由"的感觉，朗读体会作者是怎样写出"自由"的感觉的；最后回到"萧红印象"，介绍并鼓励学生课后继续去读《呼兰河传》，做一点读书笔记，写一点阅读体会。整个一堂课没有任何花里胡哨、哗众取宠的旁枝蔓节，有的是轻松而实在的收获，学生感受到了萧红对自由的热爱、向往和追求，也学习到了表达"自由"这一中心可以用"平淡朴实的用词、繁复稚拙的絮叨、流水账式的叙述"，由此明白了"合适的才是最好的"！

反思我们的教学设计，有的时候是太过于不动脑筋，一年又一年，机械重复教参的"教导"，过于简单机械；有的时候，又过于烦琐庞杂，恨不得一堂课想要解决所有的问题，弄得课堂满满当当，密不透气，不懂得化繁为简、日积月累地逐步达成教学目标。宋老师的教学设计，于简洁中显示了教师对文本、对学情恰如其分的平衡与调节。大巧若拙！

正是由于教学设计是简洁的，所以宋老师的课堂特别的安静。特别是第一次让学生自读课文、思考文本写了什么时，偌大的教室，安安静静的，学生自由地默读课文，就像在图书馆里自由阅读一样，特别有学习的气氛。在学生们读完并交流了选文的主要内容之后，宋老师又要求大家"从头至尾，认真地看一遍文章"，然后"根据课文内容，用一个词概括'我'童年生活的特点"。又是长时间的安静看书时间。之后，学生进一步熟悉了课文，也在安静之中进入了文本。

宋老师特别注重学生个体与语言文字的接触，真正体现了"生本"和"师导"的理念，课堂上，给学生默读看书与安静思考感受的时间。反思我们自己的课堂，经常是一个问题下去，象征性地给学生思考一下，然后就马上叫学生回答；学生答不出来，老师就迫不及待滔滔不绝地开讲了。其实这样做仍然是形式主义地尊重学生，仍然脱不了"满堂灌"的原型！不给足学生安静阅读的时间，没有熟悉文本就充斥着学生的"自由讨论"，课堂上一直闹哄哄的，充斥着教师的聒噪啰唆，师生的对话自然也就无法展开。

正是由于教学设计是简洁的，所以在宋老师的课堂上，学生有很多机会运用语言文字。我统计了一下，首先是"作者介绍"部分，学生读作者，谈读到了什么；然后是"作品介绍"部分，学生再读资料，谈读到了什么信息；紧接着学生两次安静默读全文、学生交流主要内容和"我"童年生活的特点,这个过程中,学生两次连词成句,概括内容和主旨;然后文本细读,齐读22到24小节,个别读28小节,再齐读28小节,齐读10到21小节,个别读25小节,个别读第9小节,统计起来,学生默读、朗读、齐读、个别读等各种形式的朗读实践就有10次,而且,朗读与捕捉信息结合,朗读与感悟体会相结合,朗读与语言文字的细腻品味相结合,朗读与想象感受相结合,课堂上,学生一直投入地和语言文字亲密接触。而教师只是用干净简洁的语言干脆利落地评价或者是引导,没有任何的拖泥带水。

反思我们的课堂教学,恐怕还是给予学生的更多,而让学生实践体悟太少。我们需要充分相信学生,把课堂真正地还给学生。

可是,不是说还就能还得了的,过去我们以各种形式或多或少地霸占了课堂,这已经成为习惯了。归根结底,还是要进一步提高教师的文本解读能力和教学设计水平,让研究学生、文本、课堂的我们能够以更加开放而科学的方式过一种愉快而充实的课堂生活!

10. 大胆取舍,潜心细读
——《药》的启示

前阵子,有幸在昆山中学听了一节苏州市傅嘉德主任上的展示课《药》。虽然上的是高二的课,可是对于我们初中语文教学仍然具有很好的指导作用。

《药》原文分为四个部分,4500多字,这么长的文章,而且又是学生最怕的鲁迅先生的文章,况且,很多名家也已经上过这篇著名的小说了。特别是,只有一课时!傅老师的选题很具有挑战性,大家都拭目以待:傅老师会选择哪里作为切入点突破这篇小说的教学呢?

傅老师以"一个永远新的老故事"很简洁而高屋建瓴地拎起了整篇小说。以第一个问题"为什么说'老'呢?"很快地解决了小说的背景,又以第二个问题"为什么说'新'呢?"鲜明地引导学生在阅读初感的基础上深入探究小说的意蕴,而这正是本节课要解决的一个核心问题。

用一节课探究小说的意蕴,该怎样大刀阔斧地过滤选择这4500多字的材料呢?傅老师精心选择了文章中的三个片段,这三个片段涵盖了形形色色的看客,有群众、刽子手,还有自己的亲人,整个一堂课,或提问,或想象,或理解,或体验,都具体而充实地让学生深入字里行间去感受体会革命者的悲哀。在平等交流的对话中,学生和老师都进入了当时的情境思考和体味着当时社会的悲哀!在课的结尾,傅老师还提供了有关《药》的多种主旨的理解,扩大了课堂的外延,也更深地挖掘了《药》的意蕴,让大家带着思索走出课堂。这堂课,真正是"一课一得",扎实而深刻!

课堂教学教什么,傅老师用自己的课堂给我们做了很好的示范。他让我们看到,关键是教师个人文本研读后的取舍与细读。

关于课堂语言,傅老师也是我们学习的模范。傅老师的课,简洁到没有一句废话,但是又启迪着学生的思考。这种思考是贯穿整个一堂课的,傅老师的这种对话式平等交流的姿态,让人感觉特别舒服。我觉得这点特别值得自己学习。反观我的课堂,教师的主导作用还是太强了,尽管也是让学生说,可是往往还是以提问的方式推进的,逼着学生非得说到某个点上去,太强势!姿态还要放低、放平和,交流应该是放松的、自愿的、亲切的,但是又让人很想往前深入。

教学技巧是可以学习模仿的,可是文本解读的功力和教学姿态的呈现,则绝非一朝一夕之功!恐怕唯有埋头读与思,不断实践,才能积跬步而至千里!

11. 深入文本,恰当引导
——再听宋静娴老师的《呼兰河传》(节选)有感

5月10日,再一次听了宋老师上的《呼兰河传》(节选)。相较于上一次在苏州听的那一堂课,这一次上得没有那么简洁流畅,也就更加贴近我们一线教师面临的现实一些,所以显得更加真实。

宋老师的教学设计着力于设计的简约和提问的简洁。首先整体感知文章内容,文章写了什么,这是学生一看文章就知道的,所以不是重点。重点是"哪些地方体现了自由?"和"怎样写出自由?"难点是"为什么要写自由?"宋老师的设计，主要是为了让学生知道自己不曾知道的、了解自己不曾了解的。所以，我觉得教学设计是为学生量身定制的、基于学生立场的。

上一次面对的据说是相城实验中学的尖子生，而这一次面对的是我们葛江中学的普通学生。学情变化了，宋老师的教学设计也有调整，课堂的应对也相应有了变化。对比两次课堂，最大的不同是学生的反应。

在相城区的课堂上，学生学习明显更加主动一些，师生配合相当默契，简直天衣无缝。在这种情况下，教师的引导退居幕后，学生在发言中彼此启发，不需要教师过多的点评。但是，在我们葛江中学的课堂上，学生是慢热型的，而且有些学生语言表达明显比较吃力。这时候，教师巧妙的引导与追问显得非常重要，否则学生的思考就永远停留在原有层面而得不到提高了。

记得孙绍振老师曾经说过："对一望而知的东西重复讲，就是浪费生命。"所以，当学生的思维有点滞涩或者进行不下去的时候，宋老师一连三次引领他们去看三个重点片段，然后让学生在朗读中体悟感受，逐渐地学生开始关注语段中的细节，他们看到了"祖父"的"笑"和"我"的"抛"中所蕴含的平等的朋友式关系，感受到了"祖父"给予"我"的自由自在的生活。

教学为学生设计，是不是就意味着非得和学生对话？少一点对话可不可以？没有对话行不行？我觉得都可以。只要引导是让学生的学习有路径、有章可循，而不是以教师的分析代替学生的感悟与表达，这样的引导就是有效的。恰当的引导，是为了让学生有更多的收获。

关键是我们拿什么来引导学生？理念改变、方法改变就能引导好学生吗？课堂上让学生热热闹闹地说一些不着边际的话，就是学生立场吗？形式上无论怎么创新，没有合适的教学内容的支撑，恐怕还是华而不实的花架子。

《呼兰河传》(节选)背景的巧妙引入，让我们看到了小说个体"自我"背后的那个"大我"——以"我"为代表的"苦难同胞"对国家、民族自由的呐喊！宋老师对文本的研究不但细腻，而且深入！这样的设计，需要教师自身理解文本、运用文本，这才是帮助学生提高课堂效率的根本！

体现学生立场，其实还是要从源头做起。一切奥秘都在文本之中，教师要深入文本之中。只有深入文本，与文本相拥，有自己对文本的理解，充分有效地利用文本，恰当地引导学生，设计适合学生的有效活动，才能让学生真有收获、大有收获。

12. 师者的姿态
——2012杭州"千课万人"活动的收获

2012年3月16日到18日,我在浙江杭州参加了"全国初中语文文本细读课堂教学研讨会",整整三天,听了20节课。因为要赶车,落下了谌卫军老师的《公民教育与语文教学》,有点遗憾。

与会的三天,虽然有些辛苦,但是总体感觉是不虚此行。

令我印象最深刻的是郑桂华老师的谦恭朴实、孙绍振老师的真诚爽快、王荣生老师的高屋建瓴。

郑桂华老师的课是在3月16日的上午第二节,安排在青年教师李明老师的后面。李明老师的第一节课是很成功的,他以自己的青春气息和合理的课堂安排实现了文言文教学的言文合一,学生在课堂上轻松活泼而又收获满满。郑老师的第二节课仍然是和这个班级的学生合作学习。

郑桂华老师一走上讲台就给人一种逼人的朴实感,我当时觉得学生也许还沉浸在年轻而潮气十足的李明老师的课堂中,郑老师要让这些学生快速转换状态投入自己的课堂,可不容易。况且,课题是苏霍姆林斯基的《给女儿的信》,文章又长又有些难度。

郑老师却是非常的从容,她老老实实地说:"真羡慕年轻的李明老师!"而且还亲切地询问学生们课前和李老师做了什么游戏。话匣子一下子被打开了,你来我往的寒暄之后,有的学生就开始问:"老师,你叫什么名字?从哪里来?"郑老师马上加了一句:"是不是还要问你到哪里去?"她又补充道:"你是谁?你从哪里来?你到哪里去?这可是很深奥的哲学问题呀!"笑声中,学生一下子放松下来,并且被郑老师吸引过来。于是,课堂有条不紊地展开,郑老师引导孩子们关注了这封信的表达形式,课堂一如她的为人一样朴实。

接下来的互动评点在谈到对文本的理解与处理之时,郑老师一再强调:"我的理解,不一定对。""爱情是终其一生也说不清的,不一定有正确答案。"让人感觉她并不是华东师范大学的教授、博导,而只是一个一线探讨教学的普通教师而已。这样平易近人、朴实无华、探讨学习的姿态,也是我们普通教师需要一辈子拥有的师者的姿态。

3月17日下午,在听了三堂课之后,孙绍振老师走上了主席台。他本来要做一个关于《读者主体与文本主体的深度同化和调节》的报告的,但是,听了下午的三节课之后,他说:"我忍不住要做一个课堂点评!"这迎来了台下大部分听课老师的掌声。如果说郑老师一开始就以自己的朴实与谦恭俘获了学生的心,那么,孙绍振老师则在一开始就以自己的真诚与直率抓住了老师们的心。一堂评课解开了很多老师心头的疑惑,也不止一次迎来了老师们的掌声。从孙老师这里,我感觉到只有丰富自己的心灵,有一定的哲学修养,才会习惯性地以辩证的眼光看待曾经熟知的事物,而这也正是积累了一定的教学经验的老师们需要拥有的教学姿态。

久仰王荣生老师的大名,3月18日上午,总算等到了他的出场。王老师做的报告是《阅读取向与阅读方法》。他深入浅出地谈到有关"阅读主体"和"阅读对象"的概念和"如何阅读"的问题,并且由此谈到语文教学中的种种奇怪现象,整整90分钟,感觉一晃而过。课堂教学中的很多现象,我往往无法上升到理论高度进行思考,可是王老师不但关注到而且分析得很透彻,让人感觉到他高屋建瓴的犀利与睿智。

三位老师都是既有深厚的理论功底又扎根在实践中研究的老师,有些问题也许还不能解决,但是他们这种直面现实的朴实姿态,是我特别欣赏而又矢志学习的。

13. 看山还是山,看水还是水
——读老刘的"功夫在诗外"有感

好一个"打好'根基'再教书"和"跳出教书看教书"!

这让我想起宋代青源禅师的悟道三境界。第一境界:看山是山,看水是水;第二境界:看山不是山,看水不是水;第三境界:看山还是山,看水还是水。

以此,是否可以引发我们教师教书的三境界?

所谓教书的第一重境界:看山是山,看水是水。说的是我们教书之初,怀着纯真的教育理想、对学生和教学的满腔热情,以崇拜的眼光看待名师,唯教参和名师之命是从,在我们的眼里,一切都是那么简单统一,山就是山,水就是水。虽然感觉懵懵懂懂,却固执地相信:我们的所见所闻都是最真实正确的。相信在我们眼里,世界是按美好的规则不断运转的,并对这些规则有笃诚的信念。

教书第二重境界:看山不是山,看水不是水。当我们在教育中流连太久,磕磕碰碰之后,便会感到教书并不是那么的简单:教好一门功课,不仅涉及本学科的知识,更涉及其他诸如心理学、哲学、教育学,甚至管理学、社会学等方方面面的知识;教好一门功课,需要热情,更需要批判思考;教好一门功课,教参和名师只能帮我们入门,能否开法眼却在于自身的思想能走多宽、走多远。深陷教育琐事的我们看到的一切,变得亦真亦幻、似真似假。我们在现实里迷失了方向,随之而来的是迷惑彷徨、痛苦挣扎,我们开始对自己所热爱的教书,甚至对这个世界,都多了一份怀疑心理,于是开始寻求理性与现实的思考。

教书第三重境界:看山还是山,看水还是水。这是一种返璞归真,沉淀积累到一定的程度,深入浅出,厚积薄发,回归教育的本质。就像陶行知先生倡导的一样,"生活即教育","教学合一",不管外界如何纷扰聒噪,我自"千教万教教人求真,千学万学学做真人"。这时,看山还是山,看水还是水;只是此山此水,在我们眼里,已经有另一种内涵在里面。

我们现在只有打好"根基"再教书,才能以专业的眼光探求学科教学的本真面目;而只有跳出教书看教书,才能真正进入教书生涯的第三重境界。

14. 简洁而不简单的教学设计
——以《散步》为例

读了余老的教学设计,觉得他的教学设计总是那么简洁而不简单。

以《散步》为例,他的教学过程就是简洁的三步曲:理解文意——朗读课文——品味语言。

第一个环节通过重拟标题的形式让学生走进文本内容,完成学生与文本的深入对话;第二个环节,有层次、有重点地朗读,让学生在朗读中情不自禁走进了文本情感弥散的世界;第三环节,在语言品析上,余老示范引路,接着让学生去发现、去体味、去表达,对字词句段的品味既侧重关注写了什么,又抓住怎么写和为什么写来领会。简洁的三步曲,文本的内容、思想情感以及写法都有涉及。从教师教的层面来说,教学层次的设计科学而又严谨,生动而又自然;教学过程完整,发掘了文本的可用素材。

我发现他的不简单之处在于,在这简洁的设计中,学生的语文实践活动很充分,使得这堂课显得语文味十足。

首先,训练了学生"说话表达"的能力。在"重拟标题"的交流中,学生在纷纷说出自己拟定的题目的同时,将自己对文本事件、人物、情感的理解也表达了出来,老师也给了学生倾听、思考、比较的空间和时间。我们发现孩子们的标题既有哲理之美(如"整个世界的重量"),又有情理之美(如"春天的步伐")。特别是与原来标题的比较,让人觉得思维顿时深入而兴奋:"散步"作为题目,简洁、凝练,有人情味,有故事味。从考试写作的角度来说,学生学会了拟题,有了扣住中心行文的意识。

其次,提高了学生的朗读能力。余老说:"朗读是出声的阅读,是进行语言、情感熏陶的学校,是对作品进行品味感受的阅读活动。"所以,他在朗读前的指导上在情境创设上下足了功夫:"中速、深情地朗读课文,好像作者写完文章后欣赏自己的作品一样。""读好文中的波澜,好像你一个人在扮演着故事中的几个角色一样。""朗读课文最后一段,好像你是带着深深的体会给人家作示范朗读一样。"这样的朗读设计,层次非常细腻,过程非常生动,形式非常活泼,整个过程"小步轻迈,层层推进",水到渠成,让学生充分地占有课堂感受语言的时间,让学生得到充分的朗读技能训练。

最后,培养了学生的品味赏析能力。余老要求学生以"字、词、句、段对人物的表现作用"为话题,自选文句并联系上下文用简洁的语言进行评点。余老给出了一个例子并从四个不同的角度对"我们在田野上散步:我,我的母亲,我的妻子和儿子"这个句子进行了品析,给了学生方法上的指导。句子的"造型美、用词美、情趣美、蕴意美"都在学生的七嘴八舌中呈现了出来,增加了大家的语言积累。

因此,这堂课的实施,从学生学的角度来说,学生的语言积累和语言表达能力都得到了很好的训练,学生的情感也在朗读中得到了潜移默化的熏陶。

我喜欢这样的语文课:简洁而不简单的语文课,它于不经意间体现教师的教学智慧和教学积淀;它姓"语"名"文",朴实而本色。这样的课,不是一两天的突击模仿可以速成的,它需要我们在时间的流淌中不断思索、实践、提炼、创新。

其实,如果我们的每一节语文课都静下心来,精心思索设计,我们的课堂生活应当是这样简洁而本色的存在!

不禁想起海子的诗:从明天起,做一个幸福的人/喂马、劈柴、周游世界/从明天起,关心粮食和蔬菜/我有一所房子/面朝大海,春暖花开。

语文教师的幸福,其实如此简单!就在日积月累的简洁的课堂生活中。

15. 把握规律,尊重规律

寒假看了几本书,记忆深刻的是其中一本有关欧洲社会的对话录。

这个对话的两位学者一位是陈乐民,中国社会科学院欧洲所前所长,另一位是法国巴黎第八大学的欧洲历史教授史傅德。一个中国人,一个德国人。他们不曾大红大紫,没有身兼要职,也不自诩是任何新思潮、新流派的信奉者或专家,他们只是老老实实的学者,认真读书、写书,以挖掘史料、独立思考为乐,总在自觉不自觉地审视、批判自己所属的文化和社会。

我欣赏他们的冷静的思考与质疑,也于他们的闲聊之中感受着他们的知识、思想、思辨的丰富。人权、公民权、市场、理性、人民等都是欧洲社会自己发展轨道上的产物,是的,社会发展有自己的轨道。但是,正如史傅德、陈乐民所说:"马列主义者的思维方式"却是"先想好了社会形式,然后制定实现的计划","就是想象一切都有计划地进行"。

然而往往计划不如变化,因为社会发展有自己的轨道。经济、政治、教育、科学、文化等方方面面的变化都有自己本身的规律,都在独立与相互的作用中驱动向前。我们一贯的敢于事先绸缪,敢于相信,这诚然是我们的优势,然而这种计划又何尝不是对于自然规律的强横干涉呢?

其实,大家都知道,把握规律、尊重规律最重要!但我们又有多少人真正静下心来研究和把握规律呢?

看看社会和历史,对照现实,想想自己平常的教育教学工作,越发感觉对于学生的尊重、对于学生的了解的重要性。教学生一些什么才是最重要的,学生成长、班级成长的规律是什么,怎样把握与引导每个学生的个性发展以及自己的思维深度与广度的拓展等,都是在看这本对话录时产生的一些想法。

于是,感觉自己开始懂得一些东西,但是不懂的却更多了!

16. 用一生磨砺教学,用一生追求理想
——读白金声老师《一个语文特级教师的修炼之道》有感

白金声老师,黑龙江省退休语文教研员,特级教师。他当了40年语文教师,用一生磨砺教学,用一生追求理想,其执着可见一斑!白老师,实在是我们这些慵懒的后辈们学习的榜样!

白老师主要从六个方面谈了他的修炼之道:

1. 务本。语文课课堂教学中不要把大量时间花费在文本内容的梳理和思想感情的感悟上,要让学生在课堂上积累一些课文中的词语、句子,致力于学生听说读写能力的提高,语文课应致力于学生语言的充分发展。

2. 读书。读书不能只盯在一处,正如鲁迅所云:读书如蜜蜂采蜜,倘若叮在一处,所得就非常有限。语文教师应当博采众长,多读杂书,多思考。"读"占鳌头,"读"领风骚。他已经拥有了属于自己的10000多本教育图书!

3. 练口。教学是语言的艺术,语文教师的语言除了语音标准、用词恰当、句法规范、表达连贯等一般要求以外,还应当准确简练、通俗易懂、生动形象、倾注感情。对不同内容、不同情调的课文的教学,应采取相应的语言给以表达,或激情奔放,或脉脉含情,或直抒胸臆,或委婉蕴蓄,或诙谐幽默。(我的教学语言第一阶段基本达标,关键是第二境界生动形象做得不够!更加谈不上诙谐幽默了!)

4. 游历。学科特点决定语文教师应该是通古博今的杂家,应该是名山大

川的游者,应该是了解生活、热爱生活、历练生活的永葆青春朝气的热血之人。

他所到之处,主要是搜集庙宇殿堂、名胜古迹的对联。(可惜我的游历纯粹是为了放松而已,此外没有语文方面的积累与收获。)

5. 弄笔。他认为,一个不喜欢写作、不擅长写作的语文教师是不能底气十足地站在讲台上的,因为一个语文教师写作水平的高低直接关系着他教学质量的优劣。为此,他从当语文教师那天起就与笔墨结了缘,并且常年坚持笔耕不辍。当然,对他而言,写作并非是纯粹的创作,而是一种教育生活的方式。

他在电脑屏幕上真实记录自己的喜怒哀乐、所思所想、所见所闻,在敲击键盘的过程中体验生活,反思自己,超越自己。

上班抓事务,下班搞业务,这是他的习惯,也是他的生活方式。为此,他收获了15本教学专著,又发表了700多篇大小文章,而且被评为享受国务院特殊津贴的特级教师。(当写作成为一种生活方式,文字表达就会像生活一般充满诱惑与快乐!我应该为这种境界而努力!)

6. 习字。写字对于语文教师来说,犹如空气对于人之生存那样重要。作为一位语文教师,应当掌握现代汉语常用字的笔画、笔顺和字形结构,书写达到笔画清楚、正确、规范、熟练有力,字体匀称美观,对书法作品有欣赏能力。能掌握"三笔字"的用笔方法,了解选帖、读帖和临摹的基本知识,会识别楷、行、草、隶、篆等字体,会分析象形、指事、会意、形声、假借、转注特色。不管是钢笔字、粉笔字还是毛笔字,不管是写在作业本上的、黑板上的还是写在墙报上的,都要写得对,写得美,写得快,给学生以示范。因为学生写字善于模仿,思维富于具体性和形象性,教师示范起着巨大的潜移默化作用,其效果往往超过方法的讲解。(在练字方面,我一定要起步了!)

看了白金声老师的修炼之道,对照自己,作为一个一线的教育教学工作者,作为一个语文教师,短短的九年,我的职业规划和人生理想却已经消磨在琐碎的生活的长河之中了,真是惭愧!

记得自己初中时候就梦想当一个老师,后来读高中时,更是以自己的班主任、语文老师为榜样,立志要成为一名像他一样可以不带教案、不带课本进班而讲得眉飞色舞、有声有色的语文老师,所以后来报考大学时,尽管英语成绩比语文还出色,但是还是坚持选择了中文系。参加工作时,又立志做一个出色的让学生佩服、受学生欢迎的语文老师。因此,接手第一届学生初一(11)班时,我曾经自己承诺"全力以赴,做出成绩!"那时候觉得,人应该把欢乐、痛苦、委屈等感觉都体验过了,才能真正地懂得人生。所以,年轻的心,从来不惧怕暴风骤雨,从来不逃避艰难险阻,那时候,执着的心渴望闪光的人生!于是,在学校没有配备电脑的情况下,我的有关教育教学的记录也零零碎碎地写满了三四个本子,现在有时候翻出来看看当时的疲惫与欢乐,仍然为那时的激情所感动。

第二届仍然教的 11 班,不同的是,因为上一届的出色表现,这次变成了教寄宿班,于是承诺自己"百尺竿头,更进一步"!于是,仍然是教学充斥了工作的每一天,曾经的痛苦和磨难、孤独和寂寞,是我成长的催化剂,也是写作的摇篮,于是又积累了两个厚厚的笔记本。最终的结局是 2008 年的提前班我班录取了 12 人,占了全校 14 个班级提前班录取总数的 1/3。这个过程中,怀孕,生小孩虽然影响了我教育教学的节奏,耗去了我很多精力,但是,丝毫没有吞噬我工作的热情:我喜欢教书,喜欢看着学生在自己的引导下露出灿烂的笑容!

再后来,我的第三届学生 11 班,班级在前进中逐渐成长,我也在习惯的熟悉与繁杂中开始习以为常;在逐渐平淡的生活中慵懒,在和女儿的玩乐中渐渐幸福得忘记了当初的理想。记得教科室的刘晖老师曾经对我说:"太幸福了是不会有好作品产生的。"是的,在经历一些激情燃烧的日子和一次大的手术之后,而今平和与平静的日子逐渐让工作悄悄变成了一种谋生的工具。尽管我每天都会把一些常规的工作做得很好,但只是出于一种惯性、一种职业道德而已,像白老师所说的钻研教材、读书,游历,练口,弄笔,习字,我也在做,只是断断续续,作为无聊时的一种消遣,但并没有多么明确的目标!更不要奢谈理想了!

没有了毕业时的激情,甚至多了许多对教育教学现状的怀疑,当初那个雄心勃勃的稚嫩女孩,早已经淹没在生活的琐碎之中,没了踪迹。

自我感觉是个能够享受平淡日子的人,但是为什么还是时常怀念那些逝去的有梦想的激情岁月?

苏格拉底说:"世界上最快乐的事,莫过于为理想而奋斗。"刚参加工作时,虽然不懂教育教学,但是对理想的追求让我的生活苦中有乐。陆游说:"壮心未与年俱老,死去犹能作鬼雄。"像白老师这样,40 年集中精力去做自己喜欢做的事,享受做事的过程,需要多少热情,需要怎样执着的理想!

从沉溺的现实之中抬头观望以后,才发现:有了理想,就有了目标,就能够坚持;有理想、有坚持的人是简单而幸福的人!历史如沉沙折戟,自将磨洗:是理想与坚持,让霍懋征老师微笑着教了 60 年的小学,成就爱满天下的传奇;是理想与坚持,让于漪老师真心教学,真爱育人,在基础教育的最前沿不辍耕耘 59 年;是理想与坚持,让李镇西老师 25 年如一日地撰写教育日记,出版了 20 余本教育著作,成为全国最有成就的语文教育家之一。

的确,教育是理想主义者的事业!寄托着这一代对下一代的理想,追寻教育的本真,还教育以本来面目,需要理想主义者,需要有着坚定信念的执行者,需要富有理性、富有激情、富有见识的真正的"教育者"!急功近利与低俗混世是要被现实羁绊而无法让学生的心灵飞向高远的。

既然选择了一份自己喜爱的工作,就恪尽职守乐在其中吧!陶醉其中不也是一种简单的幸福吗?用一颗坚强的内心,抗拒前行路上的干扰与诱惑,不也是一种坚守之美吗?年轻的我们,正处于体力充沛、精力旺盛的时期,正是积累知识、增长才干的时期,正是积极进取、追求理想的时期,更应该淡泊名利,守住自我。

加足马力,读书,游历,习字,思考,写作,用平和踏实的行动,让青春生命向深远阔大之处充分地延展!

第二章

摸索：小马过河，大胆尝试

1. 珍视后进生的思考

跟学生一起学习《黔之驴》，我安排大家分别划出文章中对老虎和驴的心理或者动作描写的词语或者是句子，体会老虎或者驴的形象，然后回答"我认为，这是一只＿＿＿＿＿＿的老虎，依据是＿＿＿＿＿＿（文中原句）"。"我认为，这是一只＿＿＿＿＿＿的驴，依据是＿＿＿＿＿＿（文中原句）"。

学生纷纷埋头看书。渐渐地，有同学开始动笔，两分钟之后，大家的书上多多少少都做了一些批注了，有个别同学不知道从何下手，我发现他们主要是不知道什么是动作或者心理描写，搞不清楚记叙与描写，于是，给他们举了一两个例子，个别辅导了一下。

三分钟之后，全班交流，有同学说："我认为这是一只小心谨慎的老虎，依据是它'蔽林间窥之'，这一动作描写写出了它在不了解驴的本性的时候不轻举妄动，而是小心翼翼地了解对方。"有同学说："我认为，这是一只凶猛的老虎，依据是有关老虎的动作描写'跳踉大㘎，断其喉，尽其肉，乃去'，'跳、㘎、断、尽'，一连四个动词写出了老虎在认清了驴的本质之后的果断凶猛。"还有的说："我认为，这是一只没什么本事的驴，依据是有关驴的动作描写'驴不胜怒，蹄之'，驴在忍无可忍的情况下仍然只能踢一下虎，所以它外表强大实际上没什么本事。"我趁机追问："哪里写出驴的外表强大？"学生回答："庞然大物也。"

一切都挺顺畅的,学生能够根据文本内容感受到驴或者虎的形象,而且也能够体会到动作或者心理描写对于刻画形象的作用。

我看见远远的角落里一个男生翘着脖子,没有看书,若有所思的样子,这是一个学习成绩不好、上课经常走神的学生,我不清楚他现在是在走神还是在思考,于是示意他起来谈谈自己的发现。他立刻站起来说:"我认为这是一只胆大的驴,依据是'驴不胜怒,蹄之'。"大家先是愣了一下,随即哈哈大笑。有同学小声说:"明明是胆小嘛!"

我也愣了一下,很惊讶他的思维与众不同,当然也很欣喜,尽管他打乱了我预设的教学流程,我随即决定抓住这个契机进一步展开教学。

我示意大家安静下来,鼓励他说:"你能进一步解释一下自己的观点吗?"他不慌不忙地说:"驴本来就没什么本事,是好事者把他弄来的。现在老虎总是来惹它,它居然敢反击老虎这么强大的动物,所以我认为它很胆大!"学生们交头接耳,有的在窃笑,有的干脆对他嗤之以鼻。我觉得初一学生不人云亦云而有自己的思考是很宝贵的,非但不应该嘲笑他的脱离文本,反倒应该让其他同学看到自己所没有考虑到的方面。我笑眯眯地问大家:"刚才我们大家都是从老虎的角度来看待问题,大家觉得,他是从什么角度来看问题的?"

"驴的角度!"异口同声。之后,是一片安静。我知道,大家应该有所发现了。我于是进一步问大家:"从驴的角度看问题,可以吗?"大家一致点头。有同学说:"有道理呀!"

站着的男生面露喜色了。我赞赏地朝他点点头,表扬道:"只要能够有自己的思考,就是难能可贵的!"然后进一步追问:"那么,从驴的角度来看,这是一只怎样的驴?"有学生说:"它被好事者装载来贵州,却无可用,的确也挺可怜的!"还有学生说:"驴没什么本领,要是继续忍一忍,可能就好了!它太急躁了!"我觉得可以进一步回到自己的教学设计了,于是问大家:"那么,根据你所了解的虎与驴的形象,结合之前介绍的柳宗元及其背景资料,你觉得文章仅仅是写动物的故事吗?"

"不是,是寓言,是写人的!"大家一致表示。

"那么,我们应该站在谁的角度考虑这篇文章的寓意?虎,驴,还是柳宗元的角度?"

"柳宗元的角度!"

"是的,应该从作者的角度来看文本!不能够丢开文本,一味地自己想入非非!"我肯定了大家的看法,同时示意了一下那位沉浸在喜悦之中的男生,并追问道:"柳宗元是赞赏这只驴的胆大吗?""不是!"

"那么,对驴是什么态度?"

"讽刺!"

"讽刺什么呢?"我追问。

"讽刺它的外强中干!"

"那么,对老虎的态度呢?"

"赞赏!"大家说。

"赞赏老虎的什么呢?请大家根据板书说说本文的寓意。"

后来,补充了一下选文的结尾和《三戒》的序言。

于是,一切水到渠成!

这堂课,课堂上出现了后进生的声音,而且是有些滑出文本的声音,其实,不一样的声音也可以成为教学资源,关键是我们教师要重视另类的表达,看到另类的价值所在。是的,后进生也有自己的思考,他们的宝贵思考一样可以成为教师的源头活水呢!

2. 《长征组歌》学情把握与教学内容的确定

开学第一周,上了第一单元《长征组歌》中的三篇课文。学习过程中有些学情值得关注。

1. 第一课《七律 长征》,学生告诉我,这首诗小学学过背过的。但是当我让大家交流一下对长征这段历史的了解情况时,只有两个学生举手。一个说,长征是毛泽东领导的,一个说,据说走了两万多里。这就是学生所了解的长征的全部!的确,长征这段历史距离学生太遥远了。革命的英雄主义气概和乐观主义精神,对于他们来说有点夸张,所以在后来的作业中可以看到贴标签现象。

2. 早自习朗读一遍之后,有一个腼腆的女生问我:"老师,'等闲'是什么意思啊?"这是我没有考虑到的问题。这个内向的女生居然提问了,可喜可贺!

3."五岭逶迤腾细浪,乌蒙磅礴走泥丸。"这一联学生理解上有困难,关键是意思不理解,"五岭逶迤"学生说"五座岭绵延陡峭"。其实,这一联的夸张,学生并不难理解,难在对"逶迤"和"磅礴"的准确理解。"逶迤"的文下注释是"弯曲绵延的样子",我认为主要是侧重于形容横向往前看,五岭弯曲绵延,视野延伸没有尽头的感觉,以此突出五岭难以翻越。"磅礴"的文下注释是"气势雄伟的样子",我觉得这个解释比较笼统,侧重于心理感觉,在这一联,我把"磅礴"理解成"巍峨高大",主要侧重于形容纵向的角度,红军站在高大的乌蒙山面前,显得很渺小,但是红军战士却觉得乌蒙山也只像小泥丸一样在滚动,从而体现红军战士藐视困难的革命乐观主义精神。

4. 整首诗首联以"不怕""只等闲"奠定全诗乐观豪迈的感情基调,颔联和颈联融情于景,尾联又以"更喜""尽开颜"收束全诗,所以我把"情动辞发,融情于景,情景交融"定为本节课的学习目标。

5. 第二课《长征组歌》两首,主要是朗读与学生思考交流式的学习,不用老师多啰唆。其中第一首间隔反复:从"横断山,路难行,天如火,水似银"到"横断山,路难行,敌重兵,压黔境",从自然环境的恶劣到社会环境的逼迫,在反复中有深入与递进,学生在这一点上是有盲区的。

6. 第四课王愿坚的《草》,"议吃草"学生在理解上有难度。这是第二课时的教学内容。其他的人物形象和故事情节对于学生来说比较简单。那么,第一课时应当怎么处理呢?这是需要费点脑筋的。最终,我决定让学生从三个不同的角度梳理文章内容和主旨,既可以从整体上熟悉情节、把握主旨,又避免了简单劳动,可以让学生在视角转换中明白情节结构安排要合情合理、经得起读者审视。哪三个角度呢?从周副主席的角度、杨光的角度、标题"草"的角度,三个切入点,梳理情节。请三位同学上黑板。最终,课堂阅读思考的时间给了学生,而且每个学生都调动起来了。我觉得这样做比简单划分开端、发展、高潮、结局的方式要有效得多。

事实上,学生不是不肯动脑动手,而是有时我们没有给他们机会,甚至是剥夺了他们与语言文字亲密接触的机会,课堂内容的确定还是得充分地了解学情。

3. 在实践中运用语言文字

《义务教育语文课程标准(2011年版)》(以下简称《课标》)指出:"语文课程是一门学习语言文字运用的综合性、实践性课程。"学习了江苏省南京市初中语文综合性学习活动的有关资料,看到他们引导学生到生活中学语文、用语文,在语文学习中观察生活、理解人生的种种做法,我深切地体会到自己平常的语文教学方式还是有些单调,没有充分地以不同的方式,从不同的途径,让学生在语言活动中实践运用语言文字。

《课标》指出:"语文课程是实践性课程,应着重培养学生的语文实践能力,而培养这种能力的主要途径也应是语文实践。语文课程是学生学习运用祖国语言文字的课程,学习资源和实践机会无处不在,无时不有。因而,应该让学生多读多写,日积月累,在大量的语文实践中体会、把握运用语文的规律。"

那么,在课堂中该怎样给学生更多的机会实践运用语言文字呢?

根据《课标》精神,我做了一点尝试。

实验一:培养默读速度,提高整体感知能力

新课标对阅读的要求有"养成默读习惯,有一定的速度,阅读一般的现代文,每分钟不少于500字。能较熟练地运用略读和浏览的方法,扩大阅读范围"。

七(下)第二单元《柳叶儿》一文1314字,最快的45秒读完,平均1分15秒读完。读完之后,不同学生整体感知到的主要内容是不一样的。他们普遍没有把握到"我"小时候"抢"柳叶儿这一信息,而误读成了"摘"柳叶儿和吃柳叶儿的故事。

由此可见,在规定的时间之内,学生在保证阅读速度的时候,并不能很准确地把握核心信息。

更加令人咋舌的是,这篇1314字的文章,最慢的同学在2分钟之内只读了一半!

难怪有那么些语文考试不及格的学生了！对语言文字没有最起码的敏感，阅读速度慢，学习语文的确是一件令人头疼的事情！

《三颗枸杞豆》一文，2802字，60个自然段，最快的2分钟读完，平均4分钟，最慢的在4分钟之内只读到了第32段。在概括主要内容时，学生概括出了"三颗枸杞豆给我的启示"，没有概括到"'我'与三叔在小树林的两次相遇"与后来三叔赠送"我"三颗枸杞豆之间的关系。也就是说，这一次把握到了核心的故事情节，但是对于前面两次相遇的铺垫只有模模糊糊的印象。"整体感知"依然只见枝干不见"整体"！

阅读，速度与准确率、完整性，都存在很大的问题，需要继续进行大量的语言实践！

实验二：《展示华夏文化魅力》的另一种教学实践

初一七（下）《展示华夏文化魅力》一文，文章比较长，主要是以人物通讯的形式报道了贝聿铭作为一个爱国的世界建筑大师的形象。文章首先以悬念引入，然后由三个小标题构成文章的主体部分，共15个小节，按照时间顺序展示了贝聿铭从"初露头角"到"屡创建筑奇迹"过程中的主要建筑作品及其特色，由此展现其人格魅力。

学习人物通讯，当然离不开感受人物形象和学习作者写人的方法。可是，只能这么上吗？每一届都这样上，未免无趣。可是，这么长的文章，面对的又是害怕长文章的初一学生，又能上出怎样的新花样呢？

我备课时是按照老脚本老思路准备的，简单地学学小标题结构文章，通过选择合适的素材展示人物形象，挺好操作的，而且也是初一学生需要学习的。可是具体上课时怎么操作，我期待着有些新的变化。毕竟这一届学生与上一届不一样了！

果然，课堂上有了新的情况，于是我采取了新的上法。

简单地导入之后，我让学生一起齐读了两遍课文的小标题"在美国建筑界初露头角""在非议之中屡创建筑奇迹""多变的设计，不变的中国心"，感受小标题的运用及小标题之间的关系。然后让学生自己读课文，按照表格梳理贝聿铭的主要人生轨迹，把握文章的主要内容以及文章主旨。

时间	经历	主要建筑成就	建筑特点	荣誉
1935年	留学美国			
1948年	建筑研究部主任	科学大楼、教职员工住宅大厦		初露头角
1960年	成立自己的建筑公司	大众化公寓	既有建筑美感,又经济适用	人民建筑师、纽约荣誉奖章、真正为人民服务的都市计划
1978年		华盛顿国家艺术馆东楼		
1979年		约翰·肯尼迪图书馆		
20世纪80年代初		巴黎罗浮宫玻璃金字塔		
1978年		香山饭店		
1984年		香港中国银行		

表格呈现,提出阅读要求之后,我开始巡视学生看书和完成表格的情况。两分钟过去之后,我发现很多学生还没有开始动笔,阅读和搜索信息的速度很慢。于是,我让一个合作小组的四个同学到黑板上先写起来。其他的同学不要求写下来,只要在文章中划出相关的信息即可,并且规定5分钟之内完成任务。可是,5分钟之后,黑板上的同学连一半的任务都没有完成。于是,再推迟3分钟,仍然没有完成,而且搜索的很多信息是错误的或者是不全面的。

对于初一学生来说,这篇文章的信息量算是大的。我临时决定:这堂课完成这张表格就行了!因为从这张表格既可以看到贝聿铭这个爱国的世界建筑大师形象,也可以看到文章围绕中心选材的写法:贝聿铭设计的大型建筑在100项以上,获奖50次以上,可是文章只选取了5项主要建筑成就来写。根据学生的课堂反应情况来看,这堂课只要训练他们迅速搜索和抓住主要信息的能力就行了。

那么,第二堂课要怎么安排呢?按照原先的备课,是要精读几项主要建筑成就的。可是上完第一节之后,我决定改变计划,第二堂课在第一堂课的基础上进一步训练学生搜索并提炼重点信息的能力。我抛出了一个话题:"贝聿铭功成名就的原因有哪些？请结合文中的相关信息加以说明。"先给大家5分钟时间静静阅读和思考，勾画圈点相关信息，5分钟之后交流探讨各自的收获。在这个过程中，既可以体会到贝聿铭的人格魅力，也可以解决文章中一些重要的难句的理解等问题。

很明显，第二堂课上，学生阅读的速度和提炼信息的准确度都提高了很多！后来，总结了贝聿铭功成名就的8个原因：教育基础，个人爱好，事业基础，认真、不辞劳苦的精神，大胆创造的精神，持之以恒、顶住压力、坚持到底的精神，爱国之心，吸取中国民族建筑艺术的精华。

在大家交流的过程中，既反复地朗读了课文的11到13小节，又在朗读之后进一步搜索与提炼核心的信息，体会几个"根"的不同语境义。

原先觉得搜索和提炼信息的能力应该在小学时就已经训练好了，在初中阶段，一般要在学说明文的时候才继续训练学生提炼散点信息的能力，进行概括能力的训练，而且训练效果也很一般。其实，像这样叙事写人的长文章，不一样的可以达到训练搜索和提炼概括信息能力的目的吗？

《展示华夏文化魅力》是一篇人物通讯，似乎应该与这个单元的主题"人物风采"相吻合，讲讲如何写人更好。但是，这次试验让我觉得现在这种上法更适合我现在的学生。课堂上，当学生知道了自己的薄弱之处、明确了需要完成的语言任务之后，他们特别希望自己能够尽快地、更好地完成任务，于是他们不断地读课文，迅速地搜索提炼信息，在这个过程中，他们把注意力集中在语言文字上，他们既辨别、筛选信息，又提炼、概括信息，两堂课，不断地熟悉文字、组织语言，不但要斟酌表达出来，还要写出来。在梳理表格、探讨话题的时候，选材组材、写人的方法等有关这篇文章的重点知识就自然水到渠成地被引出来了。相比较于单纯的教师分析讲解、向学生提问然后学生回答的教学方式，这种教学方式给了学生更多的接触文本运用语言的机会。只要学生需要，教法是可以随着学情灵活调整的。

语文课程是"综合性、实践性"的课程。教学内容是什么和教学方式是怎么样的，当然都很重要。但是，更重要的是，基于文本的语言活动的设计一定要给学生实践运用语言文字的机会。

4. 诗歌单元教学也要让学生动起来

七年级的学生对于诗词还没有多少欣赏能力,因此,第六单元的《卜算子 咏梅》《观刈麦》《破阵子》等课文,我讲授的比较多,学生更多的是朗读与感受。几堂课下来,学生听得入了神,不断地记笔记,不时颔首应答,有时随声附和。让他们自由表达,站起来却只会望着我憨憨地笑笑,欲语又无言。我也并不勉强他们,因为有的感觉确实无法表达。但是同时我心里也在盘算着:接下来要给机会让学生自己运用一下这几堂课所学的知识了。

我选择了《歌词三首》作为这个单元的学生活动实践课。

为了让每个学生都能在课堂上真正动起来,课前我组织学生交流彼此最喜欢的流行歌曲及其歌词,打开了话匣子;接着引导他们关注歌词与之前学习的古典诗歌和现代诗歌的相似点,并且用一个课时的时间以黄霑的歌词《我的中国心》为教学范本,带领学生一起鉴赏了这首歌词,让学生有章可循。我和学生一起总结了一些诗歌学习的方法,并且布置学生以小组为单位准备交流《黄河颂》的课后学习成果。

第二节课,一共有8位同学走上讲台,从"示范朗诵""背景搜索""内容概述""结构之妙""美词点击""修辞妙用""情感律动""新歌创作"8个方面对歌词《黄河颂》进行了赏析。进行8个板块的教学设计,是为了让学生运用前几篇诗词的学习方法,在自我知识的总结中培养阅读鉴赏能力、口语表达能力、实践活动能力、合作探索能力以及创新写作能力,让学生"在合作中学习,在交流中分享,在活动中探索,在体验中深化",让学生真正把握语文学习中的听、说、读、写能力。

课堂上,有的学生的表现令我刮目相看。课后,还有同学问我:"王老师,下节课还这样上吗?"学生的反应给了我信心:只要铺垫充足,学生合作的能量绝对在教师个人力量之上,即使是诗歌的教学也是如此!

在这堂诗歌知识与学生活动互动、师生总结与学生探索实践交织的课上,学生与教师都收获了知识、方法与快乐。

5. 笑料百出的课本剧表演

我们在第一单元的学习中深深体会到了红军长征中乐观、豪迈、坚强等种种大无畏的精神。红军长征的伟大革命精神化为诗歌,化为散文,化为感人肺腑的小说,一一呈现在我们眼前。为了让我们更好地了解这一切,老师决定把长征过草地的场景搬进课堂,就这样一场笑料百出的话剧表演在初二(10)班的教室上演了。

上课铃响起,表演拉开了帷幕。桌椅都推向两边,在教室的中央形成了一个大舞台。也许是兴奋,也许是激动,从上课到正式表演,教室里就像一个马蜂窝,叽叽喳喳的声音从教室的各个角落传来,汇聚成一股强大的声波萦绕在每个人身边,这时操场上的吵闹声听起来都微不足道了。大家像蓝天下一朵朵自由的云,随意地或坐着,或趴在桌上,或靠在椅子上,又仿佛是一群在林间小憩的鸟儿,呼朋引伴,眉飞色舞地谈论着即将开始的表演,全然没了上课的拘谨与约束!每个人都是平等的,无所谓成绩的好坏,无所谓性格的差异,大家不经意地流露出自己最真实的一面,像在自己家里一样,都变得异常亲切,整个班集体有了大家庭的温馨之情。也许你会说我们无组织、无纪律,但整个教室都是暖暖的味道,令人怦然心动,这是我当时最真切的感受。

表演开始了,大家的眼里闪出炯炯的目光,宛如一颗颗明亮的星星。也许,我们演得并不好。不知是台上声音太小,还是台下讲话的声音太吵,究竟演到哪里,大家都是一头雾水,丈二和尚,摸不着头脑。但大家仍兴高采烈地观看着,每一双眼睛,不论大的小的、戴眼镜的、没戴眼镜的,都纷纷闪出激动的神情,一双双瞳仁像小太阳一样耀眼。现在上学,那样的目光已经很少见了。但大家的表演很快出现了状况,本已经"壮烈牺牲"的战士还趴在地上忍不住地偷笑,笑得浑身发颤,肩膀一耸一耸的。这样的笑极具感染力,很快台上台下的同学们都禁不住笑起来。

台上表演的同学为了不影响接下来的表演,都拼命地想忍住笑,但紧绷的笑肌一直无法松弛下来,憋笑的感觉真不好受,台上的同学个个憋得满面通红,咬牙切齿,可刚说一句台词,又"噗"的一声笑喷出来,全身都跟着抖起来。台下的同学更是笑得肆无忌惮了,直笑得前俯后仰,打滚跺脚,脸酸鼻子歪,就像刚打完仗的残垣断壁,一片狼藉,东倒西歪。那气势比刘姥姥的那句"吃头母猪不抬头"而笑得乱成一团的贾府更胜一筹!表演进行不下去了,过了好一会才恢复正常,但很快又出现了新状况,本该轰然倒下的"战士"怎么推也不肯倒下;奄奄一息的战士说话,还带着笑得发抖的颤音,对着"警卫员"亲切地喊着"彭德怀";更有甚者,干脆把台词写在手心上,记不住时还偷偷拿出来看,像姑娘照镜子一样,时不时瞅上几眼。一节课就这样在大家的欢笑声中落下了帷幕……

从表演的角度,我们完完全全地失败了,大家都承认自己没有好好准备、没认真对待。有人说:三百六十行,行行出状元。虽说如此,但状元也不是随便就能出的。比如演戏,需要演员投入本人最真实的情感。就好像滴眼药水流下的泪永远比不上真真切切的一滴泪来得感人,情绪是要酝酿与积累的。演喜剧,就要开怀大笑;演悲剧,就要潸然泪下。没有人天生就能轻松掌控自己的情绪,那些光彩夺目的影视巨星背后,同样是艰辛的付出与奋斗。对于这次话剧表演,我们仅仅是当作了一场儿戏,红军长征途中的悲壮与惨烈都被我们一笑了之。也许是那样的悲壮实在离我们太远太远了,远到仅剩一句话,几个字……

但换个角度想想,这次演出又何尝不是一次美丽的成功,失败的表演却换来了全班同学久违的笑容,那种小时候发自内心的笑容,它是快乐的象征。在学校里,我们已经好久没有这样真心大笑过了!压抑已久的情绪,像黄河决了堤一样爆发出来,每个人都有笑的权利,除了自己没有人能掌控它,顿时觉得心情无比舒畅。

快乐洋溢在每个人脸上。那动人的笑容,将会像一颗闪闪发光的宝石,永远地印在我们的记忆里。

此次课本剧表演成功与否,从不同的角度来看,会有不同的结论。也许这就是人们常说的"一千个读者眼中,就有一千个哈姆雷特"吧!而我们确确实实享受了这一个自由自在、开开心心的过程,这已经让我们心满意足了!

授后小记:这是"长征组歌"之后的一节课本剧表演课。课前我大力动员了一下,让大家分头准备下一节课的课本剧表演《长征》。为了课堂的有效性,我特意帮每一组都选好了组长,大家挑好了各自的角色,然后督促组长带组员分头准备。我给了学生两三天准备时间,但是学生还是没有准备充分。就像刘安然同学回忆的,整个课堂一片嘈杂与兴奋。但是,就是在这样的氛围之中,大家对长征精神有了更深切的体会,对语文课更多了几分喜爱。这次教学实践说明:课堂形式的变化也应该是备课要考虑的范畴之一。

6. 初三更要好好朗读

今天上《捕蛇者说》,文章很长,寄希望于学生通过课前预习和课后复习来掌握那么多文言字词的积累工作是不现实的,所以我知道一定要把握好课堂节奏,否则可能要拖课。

上课之前,我还在考虑要不要由我来范读,然后由学生读,因为这样可以节约教学时间,但是我也很想看看学生自己能读到什么程度。

最后,我采取了先听学生朗读的方式来初步熟悉内容。每个小节由一个学生读,第四小节两个同学合作。各个层面的学生都参与进来。

结果,大失所望!

学生读得不准确而且疙疙瘩瘩,极其不流畅!腊、当、几、数、莅、殚、徙、藉、曩、食等几个字都读错了,读的过程中,他们自己都觉得难为情!因为与初一、初二的朗读水平是无法比的。

文言文的朗读,怎么会跌落到这样一种境地!

"第一次接触这篇文章"只是一个借口。毕竟,初三的学生了!

其实,在平常课堂中从来没有缺过朗读这一环节!

的确,进入初三以来,我明显感觉,早读课时,学生读书像开动车一样,一路直冲,有个别同学甚至跟不上集体读书的节奏,上气不接下气的,有时干脆停下来喘口气再跟着读。有时,我会让大家停下来,听我读了之后再重新朗读,大家会放慢节奏,融入文本感受一阵子,一不留心,他们又忘我地急行军了!曾记得上第二单元时,文章都很长,他们一路前行,我就没有阻止得了。课堂上,有的学生没有读出味道来,想想时间紧张,在简单的点评之后我就没有给他们再练习的机会了!

我的忽略与纵容,让学生的朗读能力沦落到了如今这步田地!

文言文的学习,学生会字词句的翻译了,可是却不会流畅地读文章本身了!试卷上的分数考得再高又有什么用呢?

重要文言实词和虚词、句式等方面的知识的积累会随着考试的结束而逐渐被淡忘,学生的语感的形成、对文字的敏感把握等语文能力的培养、语文素养的提升,却在紧张而功利的课堂中被我们消磨殆尽了!

初三,怎样地改变着我和我的学生呀!

每当想到学生连感受和品味文字的心情都没有,我就郁闷!看来只有想办法提升自己,希望能够给他们一些除了知识之外的东西,哪怕是一份好心情。

原来,一个自由的时空、一份闲情逸致,是如此的难能可贵!

哀哉!语文!

悲哉!学生!

还有那个可怜的我!

我决定,还语文课堂琅琅书声。初三,更要好好朗读!

7. 如何唤醒学困生学习语文的欲望?

庸是我现在这一届初一的学生。他给我的第一印象是:上课时双手摊在整个课桌上,把头埋在双手里面,眼睛与书本差不多要贴在一起了。我上课时似乎无意地走到他那边,轻轻拍了一下他的背,他立刻意识到了,挺起了脊梁,坐端正了,可是脑袋还是深深地勾起来。

他的作业总是只写两三个字,而且只写一两处。书写像小学一年级学生的字那样稚嫩疲软。作业能够交上来就不错了,更多的时候是不交的。我也不勉强他,对他说:"你只要交作业,写一个字都好!我只要看到你在尽力想学好,就会尽力帮助你。"

后来,有一次,他的一篇周记写出了同学课间十分钟的疯闹场景,尽管只有两三百字,但是我大力表扬了一番他语言的形象生动,他激动得眼里闪着泪花,同学们也对他刮目相看。

后来，我发现他上课有时会偷偷抬头笑一笑，或者是点点头。但是他不会做笔记，我讲到重点的地方示意他写下来，他来不及写，有时候，也不愿意写。一个学期下来，尽管他从来不曾考及格过，但是他最高也考到了53分！

随着初一上学期的结束，他在班级也有了自己的朋友，当然都是跟他一样各门功课都不及格的同学。

其他几个不及格的同学，有的太油滑了，我是板着脸教训的，但是整体上以鼓励为主。我介绍一些简单的漫画书给他们看，他们刚开始感兴趣，后来就不看了。

我试着在上课时叫他们回答简单的问题，他们偶尔表现很好！但是很明显，玩耍的乐趣远胜于学习给他们带来的快乐，显然不做作业的日子比做作业的日子更加轻松有趣。

淳朴的庸也学着狡猾了起来。他上课不再埋着头，开始做小动作，开始找旁边同学说话了。第三单元练习结束了，他21分，其他5个同学也是三四十分。

初一下学期也已经过了一半了。我的努力与尝试，仍然没有唤醒他们语文学习的欲望。

哪怕开始阅读也好呢！曾经记得，上一届的学生涛初一进来时，连父母的名字都不会写，据说小学时他的下巴因为上课睡觉磕出了老茧。初三毕业时，他也考了29分，分数虽然低，但是总比原先交白卷好！而且，他认识了不少新的字词，尽管不会写，但是毕竟认识了！他因此爱上了看小说！

可是这几个，我该怎么办呢？在关注优秀学生培养的同时，我不愿轻易就此抛弃他们，他们也是每个家庭的唯一！

学习的动力来自学习者的内在。语文学习该如何唤醒学生内在的欲望呢？特别是学困生。这一个轮回，我想在这方面做出一点自己的探索与努力，希望自己不要半途而废！

8. 教学之乐

这些天，一下课，露露就会拿着她正在阅读的《西游记》原著来问我一些字词的解释，而且她非要我字字落实地给她对照文言翻译，有时着实让我要费一番脑筋思量一下。尽管有时牺牲了课间休息时间，可是我还是在班级中大力地表扬了她。真喜欢她这样较真的样子，学生每天都在质疑中学习语文，我这个当老师的不要太幸福哦！

无独有偶，这样的风气也传染到了隔壁班级，周五下午上《论语八则》时，我板书时故意把"论"写成了"伦"，学生立刻就发现了，纷纷说："王老师，是'论'语！"

"真不错，给老师纠错了，谢谢大家！"我欣喜地说。同学们反倒不好意思地低下了头。

我们一起朗读完课文之后，我让大家对照注释理解八则语录，然后一起交流有什么收获或者是疑惑。还没有等到集体交流的时间，就有一位学生问我："王老师，这八则都是讲学习态度和学习方法的，为什么这里突然冒一句礼貌待人的句子啊？"

我一看，他指的是第一则的"有朋自远方来，不亦乐乎？"见他这样提问，旁边的同学也纷纷点头："是啊，为什么这里偏离中心啊？！"

呵呵，只要放手让学生去思考，他们的提问还挺有质量呢！很多时候，学生的思维可能比老师的思维还活跃。至少，我当初备课的时候就没有设计出这一问啊！

想到孔子的教导"不愤不启，不悱不发"，我决定给他们一点提示，让他们自己缘木求鱼。我于是在黑板上写下：《周礼地官大司徒》注："同师曰朋，同志曰友。"《论语》汉代郑玄注："同门曰朋，同志曰友。"

"朋"和"友"原来是不一样的啊！大家恍然大悟，议论纷纷："我们现在是'朋'却不一定是'友'啊！"

同学们兴趣大增，经过思考与彼此启发，他们终于知道，原来这两句其实也是谈的学习方法。学习就是要与自己的同学互相讨论质疑启发，这样就学得很快乐很有收获。在孔子看来，学习是心灵与心灵之间的沟通和对话，是心有灵犀的领悟和意会。我突然意识到，现在新课程倡导的"质疑探究""对话"其实是两千年前的孔子的教学思想啊！

教学之乐，在于听到学生质疑的声音，在于看到学生欣然会意的得意，更在于启发交流之后的教学相长。

9. "一扇门"前的困惑

新的一轮教学工作即将又要展开了,拿到新的语文课本,盼望着与天真可爱的孩子们的第一次见面,几分激动之中,夹杂着一点不安,新学期的第一课是《为你打开一扇门》,但是我究竟要怎样才能把学生对语文、对文学的兴趣之门打开呢?

回想一下,已经毕业的一届学生,他们在语文应试方面遇到的最大问题就是"读不懂文章"。他们说:"有的文章太深奥!太隐晦!"

其实,他们都喜欢看书,喜欢阅读,但是往往读不懂经典。我知道不是他们"肤浅",而是他们的人生体验和阅历以及他们所处的现实应试环境,让他们还不能够深入地思考社会万象与人生百态。现在,面对新的一届学生,我该怎样尽力想办法让他们"读懂文章"呢?特别是新学期第一课就是赵丽宏的这一篇理论性比较强的序言,对于刚刚从稚嫩的小学阶段升上初中的孩子们来说,这一篇文章会不会让他们如堕云中雾里,根本摸不清东南西北呢?

其实,个人认为赵丽宏的《致文学》放在第一篇更加符合学情一些。《致文学》以拟人的修辞手法、第二人称的抒情方式,从四个方面描述了文学,文章感情充沛,语言优美。只要请同学们自由朗读文章的《致文学》部分,找出与作者有同感的语段,并结合自己的切身感受和读书经历谈谈(或者写一写)对文学的理解,就很容易引导学生有感而发,从不同角度感受到文学的魅力,丰富他们的感性认识,激发学生在初中阶段进一步阅读优秀的文学作品、学好语文的兴趣。在课后习题部分可以引用《为你打开一扇门》中的第四段,让学生从感性的领悟进入理性的思考,进一步提高对阅读文学作品的意义的认识。

但是,教材的安排正好与学生的实际情况相反,先是理性的《为你打开一扇门》,然后在课后习题部分引用了两段《致文学》中的感性文字。这样的安排与学生由感性到理性的认识过程正好背道而驰,毫无疑问,这样的安排反倒会加深学生对语文学习的畏惧感。相信这绝不是编者想看到的。虽然在编者看来,《为你打开一扇门》中大量的比喻和排比句已经化深奥为形象了,但是对小学生来说,这些仍然是抽象的,很多优美、经典的句子都需要在老师的引导下用具体的作品来加以诠释。这样,学生在第一堂课就沦为听众而不是课堂言说的主角了!

一扇门前困惑多,都是文本惹的祸。如何用好新文本?思虑再三才备课。

10. 穿新衣啦!

一直力求把初三的课上得实实在在的,于是埋头读课文,俯首找资料,努力营造以学生为主体的课堂氛围,想方设法提高课堂教学的即时实效。于是课堂就像一个粗衣布服的老太,为了那些考试的所谓重点难点以及答题角度、答题方法,语重心长,传统而板滞。

余映潮老师告诉我们:"我们要努力对课文进行发现,从而让读写活动的内容更加有趣、有味、有效。"

初三学生每天都处在高强度的语、数、外、物、化、政、史7门功课的轮番轰炸之中,我们语文老师是否应该给学生多一些学习的快乐与享受呢?

星期一阅读了《听余映潮老师讲课》的第一篇《畅游智慧泉——〈七颗钻石〉教学实录》,看到他精心设计了三个活动"进入录音棚——畅游智慧泉——来到创作室",语文课堂的"朗读——品析——表达"的能力训练在生动的形式之中得到具体实在的落实。

给自己的课堂穿件新衣吧!于是,昨天在上《百合花》时,我让学生当"导演"给演员"说戏",这样既把握了小通讯员和新媳妇这两个人物形象,又关注了这篇文章精致的细节以及神态、语言、心理描写,前后照应的笔法、夯实的内容加上新颖得体的形式,学生学得开心而充实!

课堂的活力,只在观念一瞬间的更新与转变之间!

11. 记事写人线索清楚

学情分析

初二(上)学期,学生已经能够写清楚一件事情的起因、经过、结果,但是仍然没有形成动笔前好好安排文章结构的习惯,而且不知道一些基本的组织和串联材料的方法,因此有必要有计划地加强这方面的指导。

教学目标

学习围绕线索写记叙文的方法。

教学重点、难点

合理地找准线索,围绕线索组织材料。

教学过程

一、导入

记事写人的文章总有贯穿全文的线索,把记叙的内容有机地连缀起来,组成一个整体。线索犹如缝制衣服的线,做衣服,先要裁剪布料,然后用线把一块块布料缝制起来,没有线,就缝不成衣服。记叙性文章如果缺少线索,容易成为一盘散沙。

二、线索及其作用

线索是以某个事物将文章的材料组织和串联起来并贯穿全文始终的一种写作技法。

线索的作用:

能把文章中表达的思想内容贯穿起来,组成一个整体(使文章条理清楚,文脉贯通)。

三、文章中常见的线索

（一）以时间顺序为线索

就是把事情发展过程中比较明显的时间写出来，并叙述在此时间内发生的内容，如《三颗枸杞豆》先用倒叙的写法引出回忆，然后按时间的顺序记叙"我"童年时候怎样受枸杞豆的启示，懂得生命的意义，转而勤奋好学的，让读者更好地把握人物成长的轨迹。

请以时间顺序为线索把下列事物串起来：闹钟、课堂、乒乓球。

（二）以空间为线索

如《从百草园到三味书屋》，课文先回忆童年时代在百草园的生活，后写在三味书屋的读书生活，地点转换，一目了然。

请以空间为线索把下列事物串起来：寝室，篮球场，操场。

（三）以事物为线索

请大家回忆我们学过哪些以事物为线索的文章？

明确：如《繁星》《皇帝的新装》《柳叶儿》。

《皇帝的新装》以"新装"的奇怪特性为线索，写了皇帝爱新装，骗子做新装，君臣看新装，游行穿新装，揭穿假新装。

（四）以中心事件为线索

你还记得我们学过哪些以中心事件为线索的文章吗？

明确：如《社戏》按照"盼看社戏——去看社戏——怀念社戏"这一中心事件来构思全文，再现儿时在桥村的一段美好生活。

（五）以人或人的某种感情为线索

如《我们家的男子汉》以人物为线索，以人物性格特点分类组织安排材料，使读者清楚地看到"男子汉"逐渐成熟、自主自立、刚强的性格特点。

问题：《春》是怎样组织材料的？

（六）多种线索混合使用

请说说《月迹》是怎样运用多种线索组织材料的？

明确：《月迹》全文以"盼月亮——寻月亮——议月亮"这一中心事件为线索，在寻月亮的过程中又按"中堂里——院内——院外"的空间顺序来写，在寻月亮和议月亮的过程中又以孩童"失望——嫉妒、争执——惊奇——满足"的思想感情变化为线索。

四、安排线索应注意的问题

（1）注意线索必须和所写的内容紧密相关，必须有利于记叙情节的展开，必须有助于表达文章的中心思想。

（2）线索一经确定，就要用它组织所要表达的内容。

（3）安排线索还要注意所写内容的层次性，做到首尾呼应，使全文上下一贯，结构严谨。

五、实战训练

你和你的小伙伴从相识到相知，友谊逐步加深，选择与此相关的几件事来写一篇文章，再现这一段美好的经历。

要求：

（1）标题自拟，一课时完成；

（2）必须围绕线索组织材料；

（3）写出真情实感；

（4）字数不少于500。

12. 作文升格：原来我也如此美丽

升格前：原来我也如此美丽

欣赏别人的美丽舞姿，赞美其优雅高贵，羡慕其苗条身段与闪耀的服饰，我何尝不想和她们一样？可自己只是一只永远不能蜕变的丑小鸭，只能静静地看着别人光鲜亮丽。

自己从小时候便开始学习芭蕾，自现在已有8年了，可始终没有亲眼见过那种在电视里看见过的裙子。那种蓬松起的裙摆，使我眼馋，我甚至想：如果穿在我身上就不会好看了吧？

那天，我们被邀请至公园内演出，到达时，我的眼睛突然被什么闪到了，转过去看时，四位大姐姐正穿着那洁白的舞服，看起来是那么高雅，简直就像是天鹅，我只能在旁边看着，心中不免生出我就只是那只丑小鸭的想法来。

今年我们又照例要去公园演出了。平常的那身墨蓝色的练功衣使我的心在上次演出时变得如此的不平衡：别的演员都穿着缤纷的服装，即使是小孩子们也穿上了正式的演出服。哎，难道我就真的只能成为一只丑小鸭吗？

可当那天我看见了老师带来的演出服时，我的心就像被涂过蜜一样，可又转念又想：我穿上会好看吗？到了试衣服的时候了，我手忙脚乱地换上那身我曾见过的白色服装，心中像有一只小鹿在乱跑似的——我是多么紧张与不安啊！我小心翼翼地把头与身转到镜子面前，心中仿佛没有了跳动的消息，"这是我吗？这真的是我吗？"我不停地对着镜子中一身洁白的我问着。外面的阳光是如此灿烂，阳光似乎都汇聚到了这个教室里。心中的天窗在这一刻猛然打开了。

到了演出的那一天，气温骤降，可我的热情并没有下降，舞台、地面有多湿我不管，因为我要向自己、向众人宣示：我也可以，我不再是那只不被人重视的丑小鸭！

总认为童话就只是童话，结局总是那么美好，可人生可不就是一个童话，故事的编排就全靠你自己。童话，一个个美丽的童话已出世，何不把自己的童话编排得再美丽一些？

（修改前）

升格后：原来我也如此美丽

在电视里欣赏别人的美丽舞姿，赞美其优雅高贵，羡慕其苗条的身段与闪耀的服饰，我何尝也不想和她们一样？可自己只是一只永远不能蜕变的丑小鸭，只能在一旁默默地看着别人光鲜亮丽。

我从很小的时候便开始学习芭蕾，到现在已有8年了，可始终没有在同伴之中脱颖而出，相反，我几乎是全班中成绩较差的，可我热爱它，所以自己不想放弃，于是，教室留下了我的汗水——

将近演出，我们正在紧张地筹备着。起跳、拍打、落地这几个简简单单的动作要是放在2秒的规定时间内可不简单呢。我们努力使脚听从大脑的指挥，可这好像是让一个弱小的女孩去抬动一头成年大象一样难以做到。可老师的一句话让我不想放弃："谁练得好，我就让谁当主角。"也许老师心中早已有了人选,可我不再甘愿做一只平庸的丑小鸭。"我不能放弃,我绝对要让他们刮目相看!"脚好像听使唤了,可我望着镜子里的自己,"真难看,就好像一只跛脚的天鹅。我真的能练好吗?"自己不知不觉地打起了退堂鼓,可看着被汗水浸得半湿的衣服,心里又暗暗下定了决心。老师的目光一次次地扫过我,可停留的时间一次比一次长。时间渐渐过去,我的脚上好像穿了一双有魔法的舞鞋,跳起来越来越流畅。

再看看刚才自己无暇顾及的其他人,要么累趴下了,要么在偷懒,要么在偷偷地喝水。老师咳嗽了两声,走到中间宣布道:"这次的主角……就是你了,小A。"同学们惊讶地看着我,好像不相信我这个素来默默无闻的女孩会成为万众瞩目的主角。我自己也不敢相信地张大了嘴巴。

原来我也美丽得可以当上自己梦想的主角!我居然成了那么多美丽的舞者羡慕的对象,我为自己尽情投入并且始终如一的努力而骄傲!

走在路上,阳光使树的影子变得斑驳而美丽,小鸟叽叽喳喳地演奏着世间鲜有的美妙乐章,我的鼻子嗅到了路边不知名小花的阵阵幽香。

(修改后)

侧面描写让文章增辉

作文误区:描写角度单一

作文片段升格

原文展示:

"哇!"大家都发出了惊叹声,只见那个学生代表接过棒,就像一把离弦的箭,又如一只正在捕食的桀骜不驯的猛虎,超越了所有的对手,极速奔跑着。正当全场沸腾时,她左脚脚跟一扭,一个趔趄摔在了地上,接力棒从她手中滑落。

我看到她脸上极其痛苦的神情,以为她会就此放弃。但是,出乎意料地,她立刻拾起接力棒,又像一阵疾风,以更快的速度飞奔上前。 （修改前）

升格作品:

"哇!"大家都发出惊叹声,兴奋地从座位上蹦了起来,大喊着:"加油!加油!"只见那个学生代表接过棒,就像一根离弦的箭,又如一只正在捕食的桀骜不驯的猛虎,超越了所有的对手,极速奔跑着。全场热情的呐喊声一阵高过一阵,简直要沸腾了!正在这时,她左脚脚跟一扭,一个趔趄摔在了地上,接力棒从她手中滑落……瞬间,全场突然一片寂静,看着她因为惯性在坚硬的跑道上翻了两个滚儿。

我看到她脸上极其痛苦的神情,以为她会就此放弃。但是,出乎意料之外地,她立刻爬起来,拾起接力棒,迈开双脚,又像一阵疾风,以更快的速度飞奔上前。全场再次一阵高呼,所有人内心的热火都好像被浇上了油,一下子又蹿了上去。

(修改后)

13. 批作文有感

明天又要做大作文了,今天赶着批作文。

上次写的是半命题作文《他(她)是位_____的人》,横线处补充表示性格特征的词语。要求用具体的事情,适当选用人物描写的方法,突出人物的某一性格特征。批作文的过程让我哭笑不得。很多学生写《她是位开朗的人》,所选用的材料就是"她"在课间的时候一直跟同学在打打闹闹,教室里、走廊里,如何如何的"疯"玩。好些学生还写到,某位同学考试完了之后,成绩很差,可是一瞬的伤感之后很快又笑容满面,玩得很开心。在学生眼中,"开朗"就是一直没心没肺地哈哈大笑!

我不禁想起,上个学期期末考试的题目是《成长的脚印》,我喜欢的一个学生安写的是她很小的时候上下电梯时发生的滑稽剧。文章记叙条理清晰,描写也很生动,可是文章一点思想性也没有,只是她个人纯粹的快乐!这样的文章,从应试的角度来说,选材没有什么意义,所以得分很低。

安是一个优秀的学生,阅读面很广,文章颇有文采。我问她:为什么写这个题材?成长的过程中没有令你的心灵颤动的事情吗?她告诉我说,实在想不起有什么好写的,因为觉得这件事情很好玩,当时特别快乐,所以就写了这件事情。

应试的作文,一般来说,材料的选择就直接决定了这篇文章的立意深刻与否,也就直接影响了文章的高低优劣。当时我就感觉培养学生写出立意深刻的文章实在不是一件容易的事情,所以,我想到了要扩大学生的阅读面,增长他们的见识,要教会他们思考。

其实,《他(她)是位_____的人》这篇文章的立意也高深不到哪里去,可是,学生也不至于肤浅到认为课间的无聊打闹都能体现一个人的开朗啊!

学生为什么没有基本的对素材的辨别能力,文章为什么没有思想?!

我已经不想再抱怨什么。社会的肤浅、浮躁、娱乐化,或者是教育的应试化,我们都无力掌控。只是,反思自己的教学,的确没有教学生琢磨过诸如"开朗""内向""外向"等经常使用而又司空见惯的一些词语的具体含义。

看来,积累作文的素材,沉淀思想,原来还得从最基本的词语的理解与积累开始做起。

无语。

埋首。

14. 睁亮双眼看世界,敞开心扉炫我心

作文教学历来是语文教学的重点和难点。中考作文怎样才能脱颖而出?在2006年的中考阅卷中,我们透过一些精彩作文总结出一些写作规律,拿出来与大家分享,以期学得一鳞半爪,帮助我们共同提高作文水平。

漂亮的拟题,擦亮疲惫的眼球

俗话说,"花香蜂自来,题好文一半。"好的标题可以激起作者的写作热情,可以燃起读者的阅读欲望。阅卷时我们看到一些这样的标题:《该出手时就出手》《雨中的温情》《把爱传递》《追寻有爱的天空》《温暖一刹那》《温室效应》《由于你的出现》《点一盏心灯》《爱之链》《温馨一笑》《举手之劳——拨动人的心》。

这些标题新颖、直观、内涵丰富,迅速吸引了读者的注意力。尤其在紧张的

中考阅卷期间,它们的精练紧凑或含蓄隽永能一下子擦亮阅卷老师疲惫的眼球,赢得良好的第一印象。

精彩的入题,奏响成功的一步

要写出一篇结构完整的考场作文,一般来说分三步走:开篇破题,中间扣题,结尾回点话题。在这三步之中,精彩的入题往往是奏响成功的第一步。

例如:不知是上天铸就了我的性格,还是父母娇惯了我的性子,从小到大,我一直我行我素,以为生活是属于自己的,生活的舞台需要自己独舞,直到搬家以后,才知道我错了。小作者以倒叙的手法吸引了读者的阅读兴趣。

又如:爱,是人生旅途中一道绚丽的风景,是灿烂天宇下明媚的阳光,是抚慰人心的甜蜜彩糖。放眼国外,是娴静的沙丽文老师伸出了她的友爱之手,让海伦·凯勒懂得了热爱生活、热爱生命;环视国内,是孔子用他那伟大无私的思想教会了一批批学生"敏而好学,不耻下问"。那时那地,他们都在自己平凡的岗位上默默地为身边的人付出时间与青春,付出他们心中熊熊燃烧的爱之火,让他们得到快乐得到温暖。"再坚硬的冰雪也会因太阳的光芒而融化;再冷酷的人,也会被一丝真情所打动;只要我们手中都握有一个太阳,那么这个世界会变得更温暖"。"一个人的世界不会精彩,因为没有人为他欢呼;同样,一个人的世界不会幸福,因为他无法感受别人的关怀"。这几例,入题迅速而旗帜鲜明,很好地引出了下文的叙事。

细腻的情感,营造动人的氛围

"感人心者,莫先乎情",只有将真情灌注到字里行间,方能击人心扉,扣人心弦。母爱,本是平平凡凡的原料,《致母亲》以女儿的身份写妈妈对自己的关爱,文章以真挚的情感描写了母亲的双手,提醒母亲保护自己的双手,情到深处文也真!在细腻的情感中,文章显得特别感人!

个性的观点,凸现真我的风采

《标准》关于写作的基本定义是:"写作是运用书面语言进行表达和交流的重要方式,是认识世界、认识自我、进行创造性表述的过程"。因此,《标准》写作阶段目标中提出:"懂得写作是为了自我表达和与人交流";"写作要感情真挚,力求表达自己对自然、社会、人生的独特感受和真切体验";"鼓励自由表达和有创意的表达。提倡学生自主拟题,少写命题作文"。

阅卷中,我们欣喜地看到了学生个性化的声音!他们认为,"其实,岸与岸之间没有距离,只要有桥;山与山之间没有鸿沟,只要有路;人与人之间没有隔膜,只要伸出你的双手"。他们提出,"造物主,总是以极其玄妙的道理诠释着世道的沧桑,给芸芸众生点亮一盏不灭的心灯。有一种愚蠢叫爱,也许这并不是众生的愚蠢,而是人类的智慧!"他们高声说,"蓝,是天的颜色;红,是火的象征。我不学海抄袭天的蓝,我不学晚霞模拟火的红。我就是我"。这些对生活、对自我的认识、对人生的感悟,无不凸现了他们的真我风采!正是这些富有个性色彩的"我"的话语,在展示作者观点的同时,也让作文避免了"假、大、空"的俗套。

别致的构思,引领创造的时尚

生机勃勃、青春曼妙的中学生喜欢追随时尚,在千篇一律的作文三段论之中,有一部分学生放开手脚,宕开一笔,以别致的构思在作文中也引领了创造的时尚,难能可贵。

有的学生以小小说的形式虚构故事情节,突出主旨。比如《傻子》一文叙说王小狗上学,他傻傻地待在教室,傻傻地看同学踢足球,似乎与大家很不合群。但是一次危险来时,他却因救同学而死去。小说结尾以曾经不喜欢他的人为他上坟揭示题旨,文章写得挺有功力!又如,《在丢失之后》叙说主人公下课吃饭,丢失了碗,焦急!后来,小雪借"我"一个,真好!路上同学给"我"一个,真好!食堂值日员给"我"一个,真好!作者在结尾议论道:丢失之后,得到很多!

还有的学生用片段式的板块行文,如《诗化双手》:

"哎哟!"——小女孩跌倒了……

"很好!"——老师在课堂上的一声赞美……

"嘎吱!"——随着轻轻的开门声母亲……

这位考生撷取三件事情巧妙地安排在三个不同的场合,细腻地描写出不同的双手、相同的关爱之情。

又如《留住温暖》：

有时候,温度很高,但是,人心却是冷的。有时候,温度很低,人心却是热的。(题记)

镜头一:老人因闷热心脏病复发晕倒在马路上,由于无人及时相救离开人世(人心冷了,温度再高也没有用)。

镜头二:出租车司机将遗失在车内的10万元钱送交公安局,几经周折寻找失主(人心是暖的,世上好人就多)。

另外,还有采用排比段行文的,例如,《感动于四季的泪》截取春、夏、秋、冬四季中的四件令人感动的事情凸现中心。

这些考生在短时间之内作文,在构思上却与众不同,显示了他们旺盛的创造力!

优美的文字,靓丽咫尺篇幅

古人云:"言之无文,行而不远!"优美的文字能够让考场作文靓丽几分,这是众所周知的!

"如果说生命是一个永不重复的花季,那么感恩的心就是一朵永不凋谢的花。在我们的花季中,让我们伸出温暖之手,在别人需要帮助的时候,把生命之花传承延续。""我们都是单翼的天使,只有相互拥抱,才能将我们的世界建设得更加美好!(题记)"精彩的比喻,给文章带来了些许诗意、些许灵动!

有人称排比是句子的"集束炸弹",是创造作文亮点的"多面手",阅卷中不少排比的句子给人以惊喜!如:

爱,是朵兰花,它永远开在人们荒芜的心田;爱,是一杯淡茶,它让生命更加浓郁香醇;爱,是一首老歌,它却奏响了时代的最强音。(《有一种愚蠢叫爱》)

当我静静地望着那蔚蓝的天空,感受着一种自由自在、无拘无束的环境时,我想起了他;当我闭上双眼,一阵轻风抚摩着我的脸颊时,我想起了他;当我静静地感受着大自然的清新质朴时,我也想起了他。或许,这一切的美好都是他给我带来的吧!他是我记忆中最深最深的痕迹!那一定是不可磨灭的。(《记忆中的痕迹》)

作文时运用形象的描写随时可以为文章添彩增辉。如:

卖鱼的女孩,她可能没有梳头,头上简直像是顶着一丛杂草,但是她很精神,认认真真地给鱼换水,手法非常熟练。

一名中年男子拿出一根木棍,向女孩打去,伴随着可怕的咒骂:"滚开!别在我的店门前摆摊!脏兮兮的跟那些鬼一起自杀算了!"

一个像非洲难民一样的黑瘦身影出现了。女孩扑进他的怀里。两个身影像两株顽强的杂草互相依偎在一起,消失在街的尽头。

"她照顾一个五保户爷爷确实不容易!但是她也不能在我店前摆摊,影响我的生意!"(《杂草》)

总之,写文章是一种综合性的实践活动。不但需要有一定的读写知识作基础,有具体的写作方法作指导,还需要有正确的思想观点,需要积累丰富的事实材料。

一个人的写作能力、写作水平不仅与他掌握的词语数量、句型结构有关,更取决于他的观察能力、情感态度、思维品质和价值取向等多种内在因素。因此,要想写好作文,重要的在于扎扎实实的基本功,不能急躁,不能马虎。千人一面、千篇一律毫无个性特征、毫无感情色彩的文章,尽管文句可能通顺,结构也还合理,但不可能打动任何人!

如果只把作文简单地看成一种词语运用的技巧,不可能真正提高学生的写作水平!我们平常要注意激发学生的情感,引导学生满腔热情地去注意、观察周围的生活,去热爱、体验周围的事物。

考场作文虽说人人得满分是不可能的,但是得高分却是可以的。关键是我们要引导学生"睁亮双眼看世界、敞开心扉炫我心"!

第三章

反思：瞧瞧设计，想想学生

1.《枣核》教学设计

教学目标

① 透过朴实但饱含感情的语言,体会友人热爱故土的深情,理解美籍华人深厚的民族感情；

② 以枣核为线索结构全篇,突出主旨的精巧构思。

重点难点

以枣核为线索结构全篇,突出主旨的精巧构思。

一、直接导入

明确我们的学习活动：

1. 赏读语言,咀嚼友人深情；

2. 梳理思路,体会构思之妙；

3. 学习围绕线索组织材料,表达真情实感。

二、放声朗读,整体感知课文

注意下列词语：

蹊(qī)跷(qiāo),掐(qiā)指一算,殷(yīn)切,调(tiáo)皮,嫣(yān)红,山坳(ào),拐(guǎi),掀(xiān)启,精致匀(yún)称,劈(pī)头,感慨(kǎi)良

深,风烛残年,故弄玄虚,成家立业,踏访,不约而同,泛舟,国籍。

思考交流:

1. 读完全文,请同学们说说,作者写了一个什么故事?作者想告诉我们什么?

作者的一位故友托他从家乡给自己带几颗枣核的故事。

改了国籍,不等于就改了民族感情;而且没有一个民族像我们这么依恋故土的。

2. 这位老人对故乡的思念表现在他的哪些言行中?

明确:

思乡的心理活动:

(1)心里总像是缺点什么;(2)体会出游子的心境;(3)想厂甸,想隆福寺;(4)这里一过圣诞,我就想旧历年;(5)近来老是想总布胡同院里那棵枣树。

第七自然段中"年纪越大、思乡越切""想厂甸、想隆福寺、想旧历年、想胡同枣树"等句子集中表达了老人的思乡之情。

思乡的行动:

这位老人亲手栽垂杨柳,种睡莲,堆叠假山,还想再种下枣树。

三、赏读语言,咀嚼友人深情

1. 这是一篇具体叙述同窗言行的叙事文章,同窗的很多言行值得我们欣赏品味。文中除了一些具体的事情外,还有更多的词也表达出了海外游子深切的思乡之情。老师先举一例分析,再让同学们试着自己来找找,并做些简单的赏析。

例如:动身访美之前,一位旧时同窗写来一封航空信,再三托付我为她带几颗生枣核。

明确:"再三",表达出索取生枣核心情之急切,表现出思乡之心切。"生",是为了试种。

① 拥抱之后,她就殷切地问我:"带来了吗?"我赶快从手提包里掏出那几颗枣核。他托在掌心,像比珍珠玛瑙还贵重。

明确:"殷切",表达心情的急切与真诚;"托",表达对枣核的珍惜程度;"珍珠玛瑙",通过比喻,加深了贵重的程度。

② 这是我开车到几十里以外,一块块亲手挑选,论公斤买下,然后用汽车

拉回来的。

明确:"几十里外",老同窗不怕路途遥远;"论公斤买下",老同窗不惜重金购置;"一块块亲手",老同窗对此事的重视与认真。总之,表现了老同窗依恋故土的深情。

③ 家庭事业都如意,各种新式设备也都有了,可是我心上总好像是缺点什么。也许是没出息,怎么年纪越大,思乡越切。我现在可充分理解游子的心境了。

明确:身在异国,心系故土,"都如意""都有了"也无法替代故乡的温暖,无法弥补心上的缺憾。

引导:想象描述缺的是什么?

缺的是踩在祖国大地上的踏实感及主人翁之感,缺的是与故友欢聚的温馨,缺的是故乡亲人的亲情……

2. 同窗的言行真实、生动、细腻,它们起伏于文中,生动地表现了同窗思乡爱国之情的真切。请大家自由选读我们刚才交流的精彩句段,读出深情。

让我们一起来诵读第七节,同窗京腔京味的倾诉,注意段末的四个"想",要读出痴情,读出情味。

3. 结尾的理解:点明老华侨思乡之情是根深蒂固的民族感情,体现了中华民族强大的凝聚力。

4. 教师小结:通过刚才的赏读和咀嚼,我们体会到:朴实的话语只要饱含真挚的情感就能感动人。我们写作文时就应该用这些朴实但饱含感情的语言来表达中心思想。

三、梳理思路,体会行文构思之妙

1. 既然这么多的言行都能表达老人的思乡之情,为什么文章却以几颗小小的枣核为题?(思考"枣核"在本文中有何作用。)

明确:索要急切,不明用途。一设悬念。

如获至宝,不宣用途。再设悬念。

作用:吊起读者的好奇心,使读者迫切想了解真相,引人入胜。

2. 教师小结:"枣核"是本文的叙事线索,用"枣核"设置悬念,用"枣核"推进悬念,用"枣核"揭示悬念;"枣核"是抒发游子思乡之情的载体,更是一条凝聚乡情的感情线索,枣核将海外游子之心与故乡故土紧紧连在一起。枣核虽小,但在文中起到了以小见大的重要作用。小小的几颗枣核凝聚着海外游子深深的爱国情、浓浓的思乡情。

我们要学习作者的写法:选用细小的生活材料,以枣核这一事物为线索,曲折地表达一个有深刻意义的中心思想。

四、联读拓展,布置作业

大凡记事写人的文章总有贯穿全文的线索,线索把记叙的内容有机地连缀起来,组成一个整体。线索犹如缝制衣服的线。做衣服,先要裁剪布料,然后用线把一块块布料缝制起来。没有线,缝不成衣服。记叙性文章如果缺少线索,容易成为一盘散沙。请大家回忆我们学过哪些以事物为线索的文章。

明确:如《繁星》《皇帝的新装》《柳叶儿》《草》。

《皇帝的新装》以"新装"的奇怪特性为线索,写了皇帝爱新装,骗子做新装,君臣看新装,游行穿新装,揭穿假新装。

你还记得我们学过哪些以中心事件为线索的文章吗?

明确:如《社戏》按照"盼看社戏——去看社戏——怀念社戏"这一中心事件来构思全文,再现作者儿时在桥村的一段美好生活。

安排线索应注意的问题:

(1)注意线索必须和所写的内容紧密相关。必须有利于记叙情节的展开,必须有助于表达文章的中心思想。

(2)线索一经确定,就要用它组织所要表达的内容。

(3)线索的安排还要注意所写内容的层次性,做到首尾呼应,使全文上下一贯,结构严谨。

作业:

1. 周记:你和你的小伙伴从相识到相知,友谊逐步加深。选择与此相关的几件事来写一则周记,再现这一段美好的经历。

要求:标题自拟,必须围绕线索组织材料,写出真情实感,不少于600字。

2. 课后积累:古今的诗词歌赋中吟诵思乡情感的诗篇佳作。

2. 《故乡》教学设计

教学课题	故乡	课型	新授

本课题教时数:2　　本教时为:第1教时　　备课日期:9月23日

教学目标:
　　1. 为读而写,以写促读,体会传神的语言神态动作描写对塑造人物的作用;
　　2. 理解运用对比突出主题思想的写法。
教学重点、难点:1
教学方法与手段:

学生活动	教师活动	设计意图
一、整体感知 　1. 课前根据教师下发的资料,阅读课文,初步了解课文内容、主题以及写作特色。 　2. 完成《我与迅哥儿的故事》。要求:贴近文本,变换人称讲故事,300—600字。	一、课前教师下发了预习资料给大家。本文标题？文体？主要人物？老师要求大家贴近文本,变换人称,根据预习,完成改写作品:《我与迅哥儿的故事》。 　我很高兴收到了厚厚一叠预习作业,让我看到玉山中学初二8班同学团结友好的班风和认真努力的学风!下面请大家齐读咱们班周诗雨和陈晓明同学的作品,分享一下预习的成果。	初步阅读小说,自学预习课文,根据自己对文章的理解,变换人称讲述故事,了解小说的主要故事情节。

续表

学生活动	教师活动	设计意图
二、生齐读本班学生改写的故事。分享预习成果 1. 改写得符合要求吗？思考。 三、比较阅读与感受体会 （一）我与少年闰土的故事 PPT1：第二日，我便要他捕鸟。他说： "这不能。须大雪下了才好。我们沙地上，下了雪，我扫出一块空地来，用短棒支起一个大竹匾，撒下秕谷，看鸟雀来吃时，我远远地将缚在棒上的绳子只一拉，那鸟雀就罩在竹匾下了。什么都有：稻鸡，角鸡，鹁鸪，蓝背……" PPT2："管贼么？" "不是。走路的人口渴了摘一个瓜吃，我们这里是不算偷的。要管的是獾猪，刺猬，猹。月亮底下，你听，啦啦的响了，猹在咬瓜了。你便捏了胡叉，轻轻地走去……"	二、学生齐读本班学生改写的故事 1. 我们对照改写的方法和要求来看看：改写得符合要求吗？PPT出示改写要求和方法。 2. 改写文写出了怎样的少年闰土形象？少年闰土与"我"关系怎样？ 3. 改写文写出了怎样的中年闰土形象？"我们"关系怎样？ 4. 作者按什么顺序写"我"和迅哥儿的故事的？前后两部分之间形成什么关系？ 三、今天这节课，我们主要通过改写文和原文的比较，深入体会鲁迅先生讲故事和刻画人物的高超之处 1. 首先，我们比较两篇文章的表达方式： 请看"我与少年闰土的故事"： 改写文用叙述的语言；鲁迅先生则从12节到30节，描写的表达方式，请大家比较一下，从小说讲故事的角度来说，你是喜欢咱们改写浓缩的一个小节，还是更喜欢鲁迅先生这18个小节的内容？为什么？ 叙述比较直白概括，而描写少年闰土的语言显得更生动、更有感染力。	检查学生预习效果，初步把握文章的主要故事情节、主题和写作特色，了解阅读初感。 通过改写梳理了主要情节以及写法。把握并明确学生已知内容，为深化并教学生不懂的内容做准备。 学习鲁迅先生是怎样刻画闰土形象的。 将学生的文章和鲁迅的原文对比，多角度比较，找到与鲁迅的差距，指导自己的写作。

59

续表

学生活动	教师活动	设计意图
"他不咬人么?" "有胡叉呢。走到了,看见猹了,你便刺。这畜生很伶俐,倒向你奔来,反从胯下蹿了。他的皮毛是油一般的滑……" （二）我与中年闰土的故事 　　小作者主要是如何刻画中年闰土形象的？〔心理独白〕原文刻画中年闰土是从哪些方面刻画的？〔多方面、多角度〕 　　PPT3："非常难。第六个孩子也会帮忙了,却总是吃不够……又不太平……什么地方都要钱,没有规定……收成又坏。种出东西来,挑去卖,总要捐几回钱,折了本；不去卖,又只能烂掉……" 　　PPT4：他站住了,脸上现出欢喜和凄凉的神情；动着嘴唇,却没有作声。他的态度终于恭敬起来了,分明的叫道： 　　"老爷!……" 　　母亲叫闰土坐,他迟疑了一回,终于就了坐,将长烟管靠在桌旁,递过纸包来,说：	2. 朗读PPT1,鲁迅先生是如何刻画出少年闰土的形象的呢？刻画出了怎样的形象？朗读时应该怎样把握语气语调？自豪自信的语气,语速较快,如数家珍。 　　再读 　　3. 分角色朗读PPT2的对话,写的什么内容？你读出了什么？感觉"我"与闰土的关系怎么样？与同学写的比较,亲密无间的关系没有如此生动具体的表现。 　　再读 　　（二）"我"与中年闰土的故事： 　　先生又是如何刻画中年闰土的呢？文中集中在哪些小节？54到77小节写出了中年闰土怎样的生命状态？朗读PPT3。 　　语言吞吞吐吐,省略号,句式上有什么特点？ 　　转折句、否定句、并列句等,体现社会动荡,传递的都是负能量的信息,心理痛苦、忧郁、无奈! 　　朗读感受,使得其形象更加深刻鲜明,这是闰土的叙述无法表达的。 　　原文的神态描写、表情的犹豫不决,体现出两个人之间关系的隔离。 　　3. 两个"终于",试着填补原文中简洁、含蓄语言中的空白：	学习以片段展示人物。 体会语言描写塑造人物。 深入感受语言描写塑造人物的栩栩如生! 精心选择符合人物性格特点的语言表现人物。

续表

学生活动	教师活动	设计意图
"冬天没有什么东西了。这一点干青豆倒是自家晒在那里的,请老爷……" PPT5:他只是摇头;脸上虽然刻着许多皱纹,却全然不动,仿佛石像一般。他大约只是觉得苦,却又形容不出,沉默了片时,便拿起烟管来默默地吸烟了。 四、造成闰土变化的原因有哪些?作者讲述回故乡的见闻感受是想要表达什么? 五、修改升格:《我与迅哥儿的故事》 要求:运用恰当的语言、动作、神态等细节刻画,让文章更符合少年闰土和中年闰土的性格特征,更符合闰土和我之间关系由一气到隔离的变化。更符合文章主题。	自读,请大家想象揣摩填补"终于"一词包含的中年闰土此刻的心理挣扎。 4. 从刚才的一些生动的描写中大家感觉中年闰土和"我"的关系怎么样?还是那么一气吗? 写法:对比,而且是多方面全方位的对比。一节课不能穷尽一切精华,更多的细节,请大家贴近文本仔细体会、感悟。 5. 对于如此辛酸的生活,闰土的态度是:PPT5。 四、是什么原因让闰土的生活变得如此的辛酸?作者为什么如此精心地写少年闰土到中年闰土的变化? 农村凋敝生活所迫 等级隔膜 总之:多子,饥荒,苛税,兵,匪,官,绅,都苦得他像一个木偶人了。 旧中国社会的愚昧、落后;农村经济衰败和贫苦大众生活的痛苦。表达作者渴望建立新型的人与人的关系及改造旧社会、创造新生活的强烈愿望。 五、修改升格:《我与迅哥儿的故事》 1. 示范修改出示。 2. 朗读体会。	学习鲁迅先生简洁、含蓄的语言描写的魅力。 体会对比的妙处。 塑造人物是为了形象地表达主题。 运用所学指导写作。

左右板书：

故 乡

鲁迅		改写文	原文
少年闰土　小英雄	表达方式	叙述（概括）	描写（具体）
	对比　描写	单一	多角度
中年闰土　木偶人			

附：

我与迅哥儿的故事

昆山市玉山中学　2(8)班　周诗雨　陈晓明

我有一个童年的朋友——迅哥儿。

我和他是二十多年前认识的。那时,我大约十一二岁,他也不过十多岁。

那时,我家境虽不富裕,但是,也能勉强度日。那次,他家正好准备一次大祭祀,我上城里去他家帮忙。我在城里见到许多新奇玩意儿,十分高兴。第二日,迅哥儿便闹着要捕鸟,但因条件有限,没有捕成。于是,我便给他讲了一些我在乡下习以为常的事情:如冬天雪地捕鸟、夏天海边捡贝壳、晚上看西瓜……但他似乎觉得很稀奇。毕竟,我俩生活的环境不同。正月过后,我就得回家了,我起初哭着不肯回去,迅哥儿也急得大哭。但终究还是被他父亲带回了家。我后来还与迅哥儿互赠了几回东西,从此就没有再见面。

如今,分别二十几年,终于又要见面了,我的内心十分激动。

在一日天气很冷的午后,我来到迅哥儿家。他刚见我时似乎很兴奋,但听我恭敬地叫了他一声"老爷"后,他的脸色微微一变。我只好拖水生,叫他给老爷磕头。老太太也下了楼,叫我照旧称迅哥儿。我觉得不妥,现在毕竟是懂得一点规矩了。水生和宏儿倒是很合得来,两人便一路出去了。我送了点自家晒的干青豆给了老爷。老爷又问起我的境况来,我不敢隐瞒,如实地说出真相。下午,我拣好几件东西和草灰准备待老爷启程时用船载回去。第二天清晨,我就领水生回去了。又过了九日,我带着五岁的女儿管船只,老爷忙着整理,也没空谈天。后来,那船渐渐远去,迅哥儿的身影也越来越远。

我与迅哥儿的故事

昆山市玉山中学　三(8)班　吴瑞菁

太阳露出了身影,虽是深冬时节,却能感受到几丝温暖。昨晚,雪下了一夜,此时刚刚放晴,四周万籁俱寂,偶尔能听到鸟雀觅食的声音。喔,今天可以和迅哥儿去捕鸟了!

我拿了根扫把和两个竹筛,又带了一小袋秕谷,刚出去便瞧见迅哥儿蹲在雪地上塑"雪罗汉"。

"迅哥儿——"我喊了一声,见他立即转过头来望着我,眼中闪出兴奋的神色。我扛着扫把向他走去,装秕谷的袋子发出了"沙沙沙"的声响。迅哥儿眼睛在我身上扫了一番,便迫不及待地说道:"这是要去捕鸟?"虽是这样问,但是,还没有等我回答,便拉着我跑到园子里。我拿出了扫把,扫开了两块雪,分了一些秕谷给迅哥儿道:"你先用短棒支起竹筛,再……"他搓着手听着,眼中的兴奋掩饰不住。讲解完后,我们便开始捕鸟。我先支起竹筛,再在竹筛底下撒了一些秕谷,棒上系一条长绳,人远远地牵着,看鸟雀下来啄食,走到竹筛底下的时候,将绳子一拉,便罩住了。不一会儿时间,我便抓住了十只。再望向迅哥儿,他才抓住两只,求助的目光转向我这边。

"你再做一遍我看看?"我对他说。只见他又往筛子下添了一些秕谷,两手紧紧握住绳子,目光注视着竹筛。我不禁觉得好笑,"动作不错!"我嬉笑着对他说。这时,一只麻雀飞到了竹筛旁,一点一点走了进去,就在即将到里面时,迅哥儿便想拉绳子,我急忙小声制止了他,"别急,等他走到里面再拉。"迅哥儿点点头,有些激动地耐心蹲着,"拉!"我和迅哥儿一齐叫道:"哈!捉到了……"

3.《口技》教学设计详案

教学目标

① 理解课文内容,领略我国民间艺人的智慧和才能;
② 正面描写和侧面烘托相结合表现主题的写法;
③ 体会简练、准确、生动的语言。

教学重点、难点

① 正面描写和侧面烘托相结合的写法;
② 简练、准确、生动的语言。

教学过程

一、导入：检查预习

1. 读准字音,读顺句子。
2. 作者,朝代,选自,体裁。
小说的三要素。
3. 主要人物是？次要人物是？
4. 你觉得口技者表演得怎么样？请用一个词语形容。

本文作者用一个字简洁传神地写出了口技者的技艺之精湛,哪个字？请你迅速地圈出来。善。

那么文章开篇的第一句话在全文中有什么作用？统领全文。

[板书]这篇文言小说,以一个"善"字统领全文,充分展示了口技表演者精湛的技艺,表现了我国民间艺人的智慧和才能。

二、揣摩朗读,读出情境

那么,口技者给我们表演了几个场景呢？

嗯,请大家阅读第2—4段,揣摩朗读,力争读出每一个场景的浓浓的故事味道。

老师先给大家示范一下第三段：

本段描写了口技者模仿一家人_____情形,写出了在座宾客_____的心情,所以语气(或语速)应_____。(由醒入睡,放松平静,轻轻的)

第2段读出声音渐起、渐进的过程,由缓而急的语气,语速由慢而快,宾客入神、专注、赞赏的语气！

第4段读出紧张、纷乱、惊恐的情境,语气由弱而强,逐渐加快节奏,加强力度,读出宾客紧张慌乱的心情,议论部分还要读出啧啧赞叹的语气！

[板书]小结:这篇小说,情节是波澜起伏的。我们在读的时候,随着口技者的表演进入到这个四口之家,体会到他们在这个宁静的夜晚,在时间的推移之中三个不同的生活场景:惊醒、入睡、失火。

我们要把那种"由动——而静——一片嘈杂"的曲折起伏的故事味道读出来。

三、深入艺人之"善"

刚才在读的过程中我们已经体会到口技者声音的惟妙惟肖。口技表演是声音的艺术,声音有声而无形,那么怎样用文字把口技者的表演记录下来,怎样化无形为有形,让人身临其境呢？让我们听一听教材编写者对2—4段的点评,感受一下作者描摹声音的艺术！

（1）朗读与点评：

我要请一位同学为我们读教材的编写者为这三个场景写的点评,大家朗读一段课文,由同学朗读一段点评的文字,大家再读第二段,再由这位同学读第二段点评的文字,就这样读下去。大家推荐谁读点评？

（2）关照读点评的同学读得慢一点,其他同学要竖起耳朵听好点评哦！等下我要问大家编者是怎样点评的哦！所以你要抓关键词做好笔记的！好,准备好了吗？我们开始读了,酝酿一下,快一点进入情境。

老师点评:嗯,合作得很好！

（3）编者是怎样点评的啊？口技艺人声音描摹的顺序和层次特征。[板书]

小结:刚才编者带我们从口技者自身声音描摹的角度领略了他的技艺之善。从写作角度来说,这种描写属于正面描写。

但是我们的学习不能就此满足,我觉得,口技者的技艺之善,还可以从其他角度看出来。什么角度呢?

(1)身临其境的宾客的反应的角度:请大家小组合作探究。

请大家画出课文中有哪几处描写宾客反应的地方。读一读,并具体说说这些描写分别写出了什么,有什么作用。

小结:四处描写,层层深入,生动而细腻地刻画出听众的心理变化过程,表现了口技表演者的高超技艺。

(2)再换一个角度,也能看出口技者的技艺之善。(齐读开头和结尾还写了什么?)

道具的简单:道具是"一",而表演的声响是"百千",形成了鲜明的对比,"撤屏"呼应了开头的"施屏",让宾客看清楚临时舞台上还是开场时的几样东西,在演出过程中并未增加任何道具。从侧面反衬了口技表演之"善"。

总结:本文以一个"善"字贯穿整个文章。用三个场景,以正面描写和侧面烘托的手法,展现了我国古代艺人的技术之精湛和令人赞叹的智慧!

过渡:其实,本文作者林嗣环的语言的"善"也令人回味无穷。请同学们进一步深入文章的字里行间品一品本文的语言之"善"。

四、品语言之"善"

怎么个品法呢?很简单,你就选择某一个角度,说一句话、某个词或者某句话写出了什么,或者某些句子运用什么修辞,写出了什么或表现了什么,就行了!

用词的简练、准确、生动;修辞手法(夸张、排比等);句式长短的选用等。

教师示范:例如:"微闻",写出隐隐约约听到的意思,渲染了寂静的环境气氛。

"忽一人大呼:'火起',夫起大呼,妇亦起大呼。两儿齐哭。"写出气氛由宁静、平缓变为突然喧杂、紧张。

五、全文总结

本文作者对口技艺人的"绝世奇技"描写得也是惟妙惟肖,可谓是文章也"善"哪!其实作者是借口技艺人的善于模拟声音来告诉我们写文章也要善于绘声绘色地描写生活。

最后,老师送大家一份祝福:(齐读)

愿你我

都能在品读民间艺人的过程中,

在我们诵读文章

咬文嚼字的过程中,

既领略到我们祖国灿烂的民间文化,

也锤炼出我们自己的生花妙笔!

六、布置作业,巩固运用

模仿《口技》写一段场景片段。

附:

1. 情境朗读

第2段描写口技艺人模仿一家人梦中惊醒时发出的声音。声音由小而大,由少而多,打破了夜的静谧感,要读出声音渐起和渐进的过程,用由缓而急的语气;口技艺人的表演让人折服,要读出宾客被表演吸引,入神、专注,用心领神会的赞赏的语气;读!

第4段描写突然着火后一家人的紧张惊慌和救火紧张混乱的场面。各种声音混杂,要读出紧张、纷乱、惊恐的情境,语气是由弱而强,要逐渐加快节奏,加强力度。读得紧张急促地;要读出宾客以假当真,置身火灾现场的忙乱惊恐的状态;(议论部分还要读出啧啧赞叹的语气。)读!

2. 文中描摹声响的语句

① 表现深夜的一家四口被惊醒时声音由远及近、从外到内、自小渐大、由少而多、由单声而混声的变化的句子;

② 表现深夜的一家四口由醒入睡的过程,声音由大到小,由密而疏,微闻余声的句子;以声写静;

③ 表现从失火到救火的情形,声音由少而多,由弱而强,由缓而急,百千齐作的句子。

3. 有四处描写了听众的神情和动作

① 第1段中,开始表演前,抚尺一下时。"满座寂然,无敢哗者"中"满""无"两词说明人人如此,无一例外。既表明宾客对名扬京城的口技表演者的向往,衬托出其艺术魅力,又表明表演前肃然静谧的氛围。

② 第2段中写口技者表演一家大小从睡梦中惊醒后的场景。听众的反应

是:"伸颈""侧面"说明听得入神,被深深吸引;"微笑"写出心领神会之态;"默叹"写出了虽想赞赏表演者,但在全场静默的情况下不便拍案叫好的神态,观众初入情境,尚能自持。

③ 第 3 段中写口技者表演了一家老小又进入梦乡。听众"意少舒,稍稍正坐",说明观众已渐渐融入表演情境,随表演内容而变化心态,口技表演完全控制了听众的情绪。

④ 第 4 段写口技者表演失火后救火紧张的场景。听众"无不变色离席,奋袖出臂,两股战战,几欲先走",表现出听众已完全沉浸在口技表演当中,忘却了自己是在听口技表演,恨不得赶紧逃脱这场火灾,说明听众已完全进入到表演者创造的生活情境中,都失去了自持能力。

4. 课堂不仅是一个名词

——《口技》教学反思

2011 年 3 月 29 日在昆山市二中和老刘及文娟一起上了《口技》,收获颇丰。其中最主要的是触发了我对课堂的思考。

我的《口技》设计,从教材考虑,这个单元的主题是"小说之林",我就以传统的小说三要素切入,以主要人物口技者为中心,先引导学习第二到四段如何写出情节的波澜起伏,正面通过描摹声音塑造人物的"善",再由学生探究文章如何侧面塑造人物的"善",最后涉及第一段和第五段简单的环境设置的作用以突出口技者的"善"。从这篇文章的个性考虑,以"善"为突破口,既可以突出这篇文章正面描写和侧面描写这一重点,又可以串起作者文章之"善"。一堂课对这两点有深刻的认识,也算基本达标了。从学生实际考虑,这篇文言文重要的词语翻译都有注释,经过一年的初中学习之后,在初二应该开始让学生自己通过注释疏通课文,学着总结归纳重要实词和虚词,因此,我尝试以导学案的形式引导学生课前预习疏通课文,课堂学习文章,课后再以作业形式讲评,练习时进一步巩固基础知识及提升运用能力。从教学方法考虑,主要是学习与实践余映潮老师的朗读教学,探索适合文本、适合学生认知规律的朗读方式。注重教师的示范引导,放手让学生自己模仿或探究实践。

从教学实效性考虑,课堂气氛还算可以。口技者之"善",如何正面描写、侧面烘托,这些预设的目标达到了。语言之"善"来不及,时间不充分,这个部分学生应该可以在彼此的启发之中充分发现与发挥。整个教学过程是流畅完整的,但是我总觉得缺了一些什么。

对比老刘的课堂,在教师引导下,学生通过五读对文章有了大体的把握之后,就是依据学案的引导,自由选择"专题活动",活动既涉及字词句的积累与翻译,也涉及对文章内容的理解与把握,学生可以根据自己的实际情况自由选择。于是,课堂上学生实践的空间与时间都得到了保证,尽管后来没有来得及交流,但是我觉得这并不妨碍这个环节的出彩!因为在老刘的课堂上,知识是通过学生主动探究、动脑、动口、动手获得的,这才是最具有运用空间和价值的知识,也才是让学生掌握得最牢固的知识。

这个环节的设计,让课堂不仅仅是一个名词,还是一个动词。学生在动,老师也跟着学生动,而不是像我的课堂那样,老师在动,学生跟着老师"动"。这种"动",从学生的角度来说,实际上就是一种"被"动,甚至是思维的静止了。

课堂是什么?我原先觉得,课堂就是进行教学活动的教室,是教师育人、学生学习的场所。

课堂是教师表演的场所,所以语文教师要能够口若悬河,滔滔不绝,要能够讲到课文的重点、难点;表演要深受学生欢迎,还要讲得生动形象,幽默风趣,吸引学生的注意力。

课堂是对学生进行训练的场所,所以要有有价值的知识的落实训练,听说读写的能力要全面发展。

课堂是传授知识的场所,字、词、句、篇、语、修、逻、文等,三年下来,应面面俱到,无所不包。

这时,课堂即教室,课堂即场所,它就是一个名词。

在这样的课堂,教师是导演,教师是主角,教师是主动的;学生是演员且经常充当听众,他们是配角,学习是被动的,是接受式学习。

这些年来,我们的教育改革在转变教师的观念,反复地强调与突出学生的主体地位,有的甚至规定教师上课讲课时间不得超过20分钟,以此保证留给学生充分的活动思考时间。

我也是在这样的改革中探索与成长着的一名语文老师。我要求自己不断地学习,增加输入,确保有新的东西输出给学生。我以为提高教师个人的专业素养,确保精心备课,精心设计以突破重难点,针对学生的薄弱环节教学生不会的,这就是对学生负责。我也一直变换课堂活动方式,让学生在听说读写中实践语言文字的运用。然而,在我苦心经营的课堂上,学生的活动始终是我设计中的被动的合作而已,这时课堂就是我调动学生参与的一个场所,它是个名词,就是那样不温不火的一个存在,学生没有真正动起来,有时还难免合作不愉快。他们的智慧、他们的探索质疑的激情与灵性,都在满满的课堂预设之中逐渐消失与泯灭!所以,宁愿像老刘一样,真正地把课堂活动的时间留给学生。

在名词性质的课堂,教师绞尽脑汁,不一定能讨好学生。在动词性质的课堂,主动权在学生手中,教师把学生置于教学的出发点和核心地位,应学生而动,应情景而变,课堂是流动变化的,课堂是学生实践的场所,焕发出勃勃生机。这其中更需要教师智慧的充分展现!

于是终于明白,衡量一堂好课的标准应该更多的在于课堂的呈现方式,在于与学生交往、互动的程度与水平,在于交往、互动的方式和成效。

教师的教学设计,不但要着眼于文本,着眼于学生,更多的要首先着眼于课堂,把课堂还给学生,只有这样,才能在课堂上更好地与文本、与学生对话。任何教育教学改革如果没有真正触动课堂,那么这种改革就不能说是彻底的,不能说是真正改变了学生的学校生活和教师行为。

让课堂不仅是一个名词,更要成为一个动词,这是我今后应该努力探索实践的!这次能有新的收获,要感谢老刘的指导,感谢我师傅朱凤仙老师和刘春芳老师的指点,感谢顾红梅老师、周芳老师的帮助,更要感谢吴校长的热情款待!

5. 名著推荐与阅读《筑路》教学设计

一、导入

赠送名言:"人最宝贵的是生命。生命每个人只有一次……"

这段名言选自哪部名著?作者是谁?

二、整体感知

今天,我们来精读小说的节选部分:《筑路》。这部分文字,自然空行,分成两部分。请大家自由朗读原文,简洁地概括:节选的部分写了什么内容?

明确:筑路者与恶劣的环境抗争,修筑铁路的故事。[感受劳动环境和生活条件的恶劣以及社会环境的艰险。]

三、精读批注

1. 自由浏览第一部分,在字里行间写一些批注,留下你阅读的感受与收获!

[设计思路:初步于劳动环境和生活条件的恶劣中体会筑路者顽强的意志。]

教师做出示范,然后让学生深入读书,独立思考,恰当表达,展示成果,交流提高。

示例①:第一节,我读到"深灰色""光秃秃"等词语(或句子),写出了深秋的秋雨中的萧瑟凄冷(景物特点),让我感觉到筑路工人工作的气氛之沉闷、压抑(筑路工人或作者的某种情感)。

示例②:第一节,我读到"阴郁""皱纹""枯瘦"等词语(或句子),运用拟人的修辞手法写出了修铁路的季节时令特点,渲染了(表现了)一个令人抑郁不快的氛围。

[自然环境描写,透露作者的主观情感:景物描写的作用是什么?怎样防止学生只谈到景物特点不谈到景物描写的作用?]

学生批注交流:[交流三四个人,不要太多。节约时间。]

第二节：小车站，孤寂、偏僻、隐蔽

第三节：黏泥，拟声词，多且黏

第四节：秋雨，比喻，细、密、多、冷

第五节：衣服，湿、冷

2. 面对这种恶劣的环境，你会如何应对？筑路者又是如何面对的？

每天一直干到很晚才收工。

他们在铺着薄薄一层麦秸的水泥地上紧紧地挤着，竭力想用体温来相互取暖。

工程队以无比的顽强忍受着饥寒和痛苦。

3. 当时，为什么要夜以继日地筑路呢？整本书你读过吗？筑路的背景你了解吗？［插入筑路之前的故事PPT］

三、深入探究

［第二部分的解读需要联系整本书，体现名著阅读的整体性。插入筑路之后的故事。需要有一定的深度。需要设计一个主问题，不要琐碎问答，但要想好哪些地方追问。］适当延伸，加深对文学作品艺术特色的体会。

1. 筑路工程队还遇到哪些打击与困难？面对如此险恶的社会环境，他们又是如何应对的？从这些文字中，你读出了怎样的一群人？

明确：没有面包，没有枕木，没有运输工具，工人疲惫无力，接班人没有着落。

顽强争取，连夜赶送，深夜开会，清晨出发！

积极抵抗，极力争取，迎难而上。

［设计思想：深入社会环境描写，进一步感受工程队全体的顽强意志。经典的作品，塑造的不是保尔一个人，而是整体的团队意志，是每一个个体成就了保尔。］

2. 作者又是怎样刻画出这样一群可敬的人的呢？

语言描写，动作描写。

其实，读外国文学名著，翻译版本的选择也很重要。

比较红色的字，结合文章内容谈谈，哪一种翻译版本更好？

① 译文一：倔强的霍利亚瓦跟电话接线员吵了半个钟头，总算接通了特勤处副处长茹赫赖的电话。托卡列夫听他跟接线员争吵，不耐烦地直跺脚。

译文二：跟电话接线员吵了半个钟头之后，顽强的霍利亚瓦终于和特勤部副部长朱赫来通了电话。托卡列夫听着他和电话接线员争吵，急得直跺脚。

② 译文一："快，打电话到特勤部去。"托卡列夫对他说："没有面包的事情，不许告诉任何人。"老头子接着又警告杜巴瓦。

译文二："快去挂电话，要特勤处，"托卡列夫吩咐他。"没有面包的事情，你要守口如瓶，"老头子接着又警告杜巴瓦。

3. 齐读下面两段文字，体会筑路工程队员钢铁般的意志。

托卡列夫认真地说："你们自己看看，我们在这儿挖土，这已经快两个月了。第四班已经到期了，而基本人员始终没有换班，只有青春的活力使他们能够支持下去呵。要知道，他们有一半人已经冻坏了。只要你看看这些年轻的小伙子们，就会感动得掉下泪来。他们真是无价之宝……他们中有一些人，会被这块可恨的荒地累死的。"

朱赫来看着闪光的铁锹和那些在紧张的劳动中弯着的脊梁，低声对阿基姆说："用不着开群众大会了。这里谁也用不着鼓动。托卡列夫，你说的对，他们真是无价之宝。钢铁就是这样炼成的！"

四、总结收获

联系课题，紧扣课题。同时不可脱离文本。

写作方面或者精神感悟方面或者生活启发方面都行！

用对联的形式总结完成本课的教学：[设计思想：既体现对语言文字的运用，又熏陶心理健康教育。]

泥泞秋雨中，筑路者顽强忍受饥寒痛苦

物资匮乏下，修路人坚毅抵抗阶级斗争

横批：意志坚强 毅力坚韧 钢铁意志

6. 名著推荐与阅读《筑路》修改稿

教者	王敏	班级	初二(9)(10)	学科	语文	时间	2012.10
目标要求	教学目标	1.熟悉精彩片段,感受筑路工程队所遇到的自然环境和生活条件的恶劣、社会环境的艰险;学习用环境描写和语言描写塑造人物形象。 2.学习筑路者顽强奋斗的精神和钢铁般的意志。 重点难点:学习用环境描写和语言描写塑造人物形象。					

教学过程	课题实验分析
一、导入新课 赠送名言:"人最宝贵的是生命。生命每个人只有一次……" 二、整体感知 自由大声朗读原文。 简洁地概括:节选的部分,写了什么内容? 明确:筑路者与恶劣的环境抗争,修筑铁路的故事。 三、说一说,感受人物精神 1.筑路者遇到哪些困难? 秋雨、泥泞、黏泥、冰冻、没有面包等 物资匮乏:没有枕木、没有运输工具等 匪徒、开小差逃跑、接班人没有着落等 小结: 自然环境:恶劣 社会环境:艰险	[让每一个学生都熟悉文本,走进文本。同时,尊重学生的学习规律,使其初步感受筑路队员的生活。] 1.让学生独立思考,恰当表达,展示成果,交流提高,树立学习信心。

续表

教学过程	课题实验分析
2. 面对这种恶劣的环境,面对重重困难,你会如何应对?筑路者又是如何面对的? ① 你会如何应对? 为什么这么应对? 预设:有的学生可能选择逃跑;有的可能选择先坚持,坚持不下去,再逃跑;有的可能坚持到底,但是这部分学生可能很少。教师适当点评。[这里渗透理想信念的教育:不同的目标会有不同的选择。目标的高低决定了人生境界的高低。] ② 筑路者又是如何面对的? 明确:每天一直干到很晚才收工。疯狂掘土。 他们在铺着薄薄一层麦秸的水泥地上紧紧地挤着,竭力想用体温来相互取暖。 连夜赶送,深夜开会,清晨出发。 工程队以无比的顽强精神忍受着饥寒痛苦。 3. 队员们这种顽强的意志从何而来?怎么会有置生命于不顾的意志的呢? 4. 当时,筑路者为什么要夜以继日地筑路呢? 明确:顽强的意志来自于坚定的目的与追求。 5. 保尔作为筑路工程队的一员也自始至终战斗在这里,直到被伤寒病击倒,被抬走为止。在这里,他经历了第四次死里逃生。是什么样的信念让他坚持到底的呢?请大家再读保尔的心理独白,寻找答案。 保尔的信念:让生命更有意义,为人类的解放而斗争。 6. 从这些文字中,你读出了怎样的一群人? 有着崇高的信仰与追求、意志顽强的筑路者群像。 四、读一读,理解主题 1. 作者又是怎样刻画出这样一群可敬的人物的呢? 环境描写、语言描写、动作描写。	2. ① 将名著与学生自己的生活相联系,渗透理想信念的教育,不同的信念会有不同的选择。目标的高低决定了人生境界的高低。 ② 此处进入意志教育的渗透,介绍个性心理品质:意志,了解意志及其特点,看到意志的关键是要有坚定的目的性。看到自己与筑路者意志上的差距,并能思考产生差距的原因。 3. 此处进一步加强意志与信念的心理健康教育。明确顽强意志的关键是要有目的性以及自制力,帮助学生明确人生要有一点信念,一点追求。 [插入筑路之前的故事背景 PPT,明确筑路的明确的目的性,学习他们迎难而上、不怕牺牲的顽强意志。] 4. 此处主要是引导学生看到崇高的信仰让人无所畏惧,渗透理想信念的教育。

续表

教学过程	课题实验分析
2. 比较下面两处语言描写，结合文章内容谈谈，哪一种翻译版本更好？ ① 译文一："快，打电话到特勤部去。"托卡列夫对他说："没有面包的事情，不许告诉任何人。"老头子接着又警告杜巴瓦。 ② 译文二："快去挂电话，要特勤处，"托卡列夫吩咐他。"没有面包的事情，你要守口如瓶，"老头子接着又警告杜巴瓦。	[此处进一步渗透积极的态度、顽强意志的心理健康教育。]
3. 齐读下面两段文字，回答问题，体会筑路工程队员钢铁般的意志。 托卡列夫认真地说："你们自己看看，我们在这儿挖土，这已经快两个月了。第四班已经到期了，而基本人员始终没有换班，只有青春的活力使他们能够支持下去呵。要知道，他们有一半人已经冻坏了。只要你看看这些年轻的小伙子们，就会感动得掉下泪来。他们真是无价之宝……他们中有一些人，会被这块可恨的荒地累死的。" 朱赫来看着闪光的铁锹和那些在紧张的劳动中弯着的脊梁，低声对阿基姆说："用不着开群众大会了。这里谁也用不着鼓动。托卡列夫，你说的对，他们真是无价之宝。钢铁就是这样炼成的！" 思考问题：托卡列夫和朱赫来都称赞这一批筑路队员"真是无价之宝"，他们的宝贵之处在哪里？ 钢铁般的意志。	[适当延伸，训练比较思维，加深对人物精神意志的理解；同时，形成选择更权威的翻译版本的意识。] [联系整本书，插入筑路之后的故事，体现名著阅读的整体性。同时，进一步渗透与学习筑路者的钢铁意志。]
4. 结合以上材料以及《筑路》一文，谈谈如何理解标题《钢铁是怎样炼成的》。 明确："钢铁"指信念、意志和毅力。 顽强的意志是在特殊的、艰苦的环境和条件（在小说中具体体现为残酷的战争环境、恶劣的自然环境、艰苦的劳动条件以及常人难以忍受的病痛）中磨炼而成的。 关键是要有点追求、有点信仰。	[此处联系材料以及原文，理解整部小说的主题。一方面引导学生阅读原著，另外一方面渗透心理健康教育：信仰让人意志坚定，激

续表

教学过程	课题实验分析
有追求、有信仰的人生最美丽,不管你的目标高低,请明确自己的奋斗方向,树立自己的人生追求。 五、布置作业 思考交流:现在没有了战争,我们应当怎样做,以便使自己在回首往事的时候,不会为虚度年华而悔恨,也不会因碌碌无为而羞愧呢? 附:板书 筑　路 描写 { 自然环境:恶劣　　　反衬　顽强意志 　　　社会环境:艰险 }	励学生树立自己的奋斗目标。体现名著阅读的综合性。] [激励学生从小事做起,从身边做起,积极面对人生,抓紧每一分钟努力学习,做对班级、学校、社会、祖国有意义的事情。] [整体设计:既体现对语言文字的运用,又熏陶心理健康教育。]

附:教学反思

　　这份教学设计在几个班级试上并修改过,整体设计紧扣名著阅读的要求,既体现对语言文字的运用,又熏陶心理健康教育。体现名著阅读的整体性和综合性特点。

　　这是作为第一课时上的。其实,鉴于这部名著的时代背景离现在的学生比较遥远,有必要在本课时之前先交流介绍书中的一些故事情节,以便让学生了解全书,了解当时的社会背景。如果将本堂课作为名著阅读的第二课时,更能体现以点带面的效果。

7. 初中语文教学与心理健康教育的渗透与融合
——以名著推荐与阅读《筑路》为例

帮助青少年的心灵健康成长,是我们整个社会的共同责任。心理健康教育的途径很多,而学科渗透相对于心理健康教育的专门渠道而言,更具有经常性、全体性与主动性的优势。在初中语文学科教学中渗透心理健康教育,自然是我们全体语文老师不可推卸的责任。

初中语文教学和心理健康教育密切相关,两者彼此互相影响,互相促进。语文学科教学,可以熏陶情感,积累思想,促进学生心理健康成长;反过来,学生心理健康成长,热爱语言文字,又会进一步促进语文学科教学的顺利展开。

但是,在学科教学中渗透心理健康教育的同时,语文教学又有其自身的特点。如果为了学生的心理健康教育,而让语言的习得与运用成为一句空话,忽视了"语文味",这也是我们语文教师的失职。

那么,怎样在语文教学中既突出"语文味",又有机地渗透与融合心理健康教育呢?下面将以名著推荐与阅读《筑路》为例,从两个方面具体阐述在实际的语文教学工作中如何渗透与融合心理健康教育内容,进而构建学生的健康心理。

一、关注学生心理成长需求

教师要充分了解学生,分析学情,根据学生在不同年龄阶段的不同学习心理制定不同的教学方案,以满足学生在各个时期的不同需求。

知、情、意是人类心理活动的三种基本形式。

"知"指的是传授知识,即学习知识培养智商。"情"指的是情感教育,指的是让学生形成美好的情感和积极健康的心态,即情商的培养。这个教育更多地包含、渗透在知识教育之中。知和情是教育的较低级层面的目标,是经过师生共同努力所能够达成的。"意"指的是意志教育,即要帮助学生形成坚强的意志品质,如坚忍不拔、百折不挠、持之以恒、顽强拼搏等。这是一个将知识、情感内化的过程,即将情商、智商转化为个人内在的品质,与自己的形体、实践融为一体的过程。例如,学生不能坚持学习就属于意志薄弱的表现。

初中阶段是学生的人生观、世界观形成的时期。初二年级的学生,处于初一到初三的转折时期,他们有了一点自己的想法,但是又往往流于肤浅,容易自以为是,听不进师长的一些建议与劝导。他们有的学习目标明确,做事情的时候热情高涨,可是一碰到困难就容易打退堂鼓,心理脆弱而敏感。还有一部分学生则根本没有任何学习目标,做一天和尚撞一天钟,学习被动,心灵空虚。初二这一段时期,如果他们的心灵得不到成长,将很难面对初三紧张而辛苦的学习生活,甚至可能无法进入高一级学校继续学习。是否有明确的目标,能否经受挫折的考验,不断磨炼意志,使自己更加积极地面对以后的挑战,是这个阶段学生面临的普遍问题。因此,这一时期,教师可以针对学生心理成长的需要,考虑利用某些课文本身的文本内容,润物细无声地引导学生心灵健康成长。相对于纯粹的理论说教,这种在语文学科教学中进行的心理健康教育的渗透与融合,更形象,也更易于让逆反的青春期学生接受。

二、将文本个性与学生心理特点巧妙结合

教材是落实课程标准、实现教学目标的重要载体,也是教师进行课堂教学的主要依据,每门学科的知识结构都有其自身的系统性和合理性。作为教材使用者的教师,首先应该深入理解教材,善于把握教材所反映的精神实质,对教材灵活处理,创造与生成新鲜的学习资源,让学生产生学习的兴趣,学得开心而扎实。

教师要挖掘教材本身的特点和它的潜在价值。教什么才适合学生？教学的切入点太高,学生跟不上,久而久之,严重挫伤学生的学习积极性;教学的切入点太低,老师的提问学生不用动脑就能随口接话,学习流于表面的热闹而没有实质的收获,师生满足于浅层的肤浅阅读,课堂气氛很好,而课堂实效缺乏,久而久之,学生的阅读能力得不到提升,思维得不到训练,没有深度,读不懂文章。

拿《筑路》来说,平常我们上名著推荐课的时候,一般是把附录资料的内容学习一下,了解大概内容和艺术特色,读一读精读的篇目,交流几个名著中的经典故事,就这样草草了事。如果我们老师备课时不精心研读教材,学生当然只

能被动应付名著阅读了。

只有我们教师首先有强烈的创新意识,不照搬书上的东西,挖掘到这一本名著中丰富的知识、无限的情趣,才能有效激发学生进一步思考和研究的兴趣。

《筑路》选自奥斯特洛夫斯基的《钢铁是怎样炼成的》这一长篇小说。《钢铁是怎样炼成的》讲述了保尔·柯察金从一个不懂事的少年到成长为一个忠于革命的布尔什维克战士,再到双目失明却坚强不屈创作小说,成为一位具有钢铁意志的战士的故事。这是一部带有自传味道的小说,它赞扬了在绝望中仍坚强不屈向命运挑战的精神。这部书被译介到中国半个多世纪以来,一直盛传不衰,被视为生活教科书、人生路标和精神补品,受到一代又一代读者的喜爱。

小说中的许多故事都来自于作者的亲身经历,因此读起来更加真实可信,亲切感人。但作者又不拘泥于生活事实,对人物和情节做了大量典型化处理。另外,小说写人以叙事和描写为主,同时穿插内心独白,书信、日记、格言警句等;环境描写语言简洁优美,富有表现力。这些都是这部书的魅力所在。

《筑路》作为这本名著的节选,通过对在极端艰难困苦的条件下修筑轻便铁路的具体描写,歌颂了以保尔为代表的党团员们勇于战胜困难、艰苦奋斗的顽强意志,以及他们献身共产主义事业的忘我劳动精神。保尔及其战友在筑路斗争中所表现出来的高尚的思想品质和顽强的斗争意志是值得我们永远学习的。

《筑路》作为八年级名著推荐与阅读的课内节选部分,旨在以点带面,由局部到整体,引起学生阅读整本书的兴趣。

保尔的故事,学生的兴趣不大。大概在学生眼里,那段艰苦的岁月、那种为了一种单纯的信仰而奋斗的生活模式,相比较于现在的流行音乐、偶像剧情来说,实在太无趣了吧。教师的力量怎么拗得过社会时尚呢?

现在这个年代的学生,虽然距离那个红色年代已经久远了,但是理想信念和顽强意志的培养,却是永远需要、永远不会过时的。而这正是这部名著的特色所在,也是学生心理成长急需补充的精神养料。况且,对于初二学生来说,坚定的目标、坚强的意志也正是学生这一时期成长成熟的标志之一。

课程目标对名著推荐与阅读的要求是学习阅读整本书,增长见识,扩大积累,拓宽眼界。因此有必要考虑节选文本向外合理拓展,促进文本内容的理解和把握。也可以适当延伸,加深对文学作品艺术特色的体会。但无论如何不可脱离语言的品位与运用,因为只有拿起语言的钥匙,才能打开审美的大门。

三、在课堂教学中渗透心理健康教育

基于以上分析,笔者认为,以《筑路》为抓手,可以引导学生感受《钢铁是怎样炼成的》这部小说精彩的环境描写以及富有表现力的语言描写。笔者通过两个不同翻译版本的比较,让学生感受不同的语言描写对人物塑造的不同作用。

译文一:"快,打电话到特勤部去。"托卡列夫对他说:"没有面包的事情,不许告诉任何人。"老头子接着又警告杜巴瓦。

译文二:"快去挂电话,要特勤处,"托卡列夫吩咐他。"没有面包的事情,你要守口如瓶,"老头子接着又警告杜巴瓦。

这样还可以引导学生感受筑路工程队员在面对恶劣的自然环境和艰险的社会环境时,他们坚定的信仰以及顽强的意志,从而了解信仰、意志对于成功的重要性。接着进一步引导学生思考为什么他们能够置生命于不顾地筑路,从而加强理想信念和顽强意志的心理健康教育。这样做至少让学生明白:一个人应当有点追求,有点信念。

课堂教学中,为了明确节选部分在名著中的位置,笔者插入了《筑路》的背景资料:

1. 被红军赶进白色波兰境内的彼得留拉残余匪帮现在正跟住在华沙的外国使节们互相勾结,准备组织一次暴动……暴动被及时地制止了。

2. 但是,新的敌人在威胁着全城——铁路运输眼看着要瘫痪了,饥饿和寒冷就会接踵而来。一切都由木柴和粮食的供应来决定。

3. 冬天就在门外了。医院、学校、各机关以及成千上万的居民,都将受到严寒的侵袭,而车站呢——人挤得像蚂蚁窝,火车每星期只能开一次。

同时,插入筑路工程结束阶段朱赫来的评论,让学生结合材料以及《筑路》一文,谈谈如何理解原著标题《钢铁是怎样炼成的》。

朱赫来看着闪光的铁锹和那些在紧张的劳动中弯着的脊梁,低声对阿基姆说:"用不着开群众大会了。这里谁也用不着鼓动。托卡列夫,你说的对,他们真是无价之宝。钢铁就是这样炼成的!"

我期望以此以点带面,通过节选文字的引入,激发学生阅读整本书的兴趣,

实现课程目标的教学要求。

综上所述，以《筑路》为例来看初中语文教学与心理健康教育的渗透与融合，一方面，要坚持学生立场，关注学生心理成长的需求；另一方面，又要钻研教材，对教材灵活处理，创造与生成新鲜的学习资源，将文本个性与学生心理特点巧妙结合。总之，初中语文教学既需要突出语文味，又要适应学生的发展需要，引导学生心理健康发展。

8.《享受生活》说课稿

一、教材分析

本文收录于苏教版义务教育课程标准实验教材九年级下册第二单元，本单元的主要任务是学会"迅速捕捉阅读信息"，在单位时间内尽可能地获取有价值的信息，提高阅读效率，训练学生既能"浏览"，也会"精读"。

本单元的文章都是谈论有关"生命、生存、生活"话题的，作品的主人公不管是一个健全的人，还是生理有缺陷的人，面对考验，他们都能不畏艰难，勇于挑战，积极向上。其中《享受生活》是一篇充满诗意的美文，选自海伦·凯勒的自传《假如给我三天光明》。作者是一个有严重生理缺陷的残疾人，面对种种在他人看来难以克服的困难，她以微笑面对厄运，以顽强的毅力克服困难，以杰出的成就展示一个残疾人的生命价值。

本文在叙述中恰当地议论和抒情，其中，在记叙各种乐趣中还穿插了大量的景物和环境描写，非常生动形象地描绘了自然界万事万物的声、形、色、味。其实我们知道，作者生活在黑暗与寂静中，对声音、色彩既没有记忆也没有感觉，她凭触觉和嗅觉来感知世界，感知的范围很狭窄，对活生生的感性世界的了解也少得很，但是作者丰富的联想和想象却使本文充满了生命的气息。引导学生穿越文字外表，探访人物心灵，是学习本文的重点也是难点之所在。

二、课题说明

我校的课题是《寓学生心理健康教育于校园文化建设》。笔者这些年积极参与课题研究,申报了子课题《初中语文学科教学与心理健康教育的渗透与融合》,并且已经开题。

笔者认为,初中语文教学和心理健康教育密切相关,两者彼此互相影响,互相促进。语文学科教学可以熏陶情感,积累思想,促进学生心理健康成长;反过来,学生心理健康成长,热爱语言文字,又会进一步促进语文学科教学的顺利展开。

但是,在学科教学中渗透心理健康教育的同时,语文教学又有其自身的特点。如果为了学生的心理健康教育,而让语言的习得与运用成为一句空话,忽视了"语文味",这也是我们语文教师的失职。

笔者认为,《享受生活》一文中海伦·凯勒战胜残疾、积极面对生活的健康心态值得我们用一生的时间来学习。作为一篇自传,本文的人文性价值明显大于工具性。因此,它是我在学科教学中渗透心理健康教育的很好的教学材料。

三、学情与教法分析

本文被安排在九年级下册第二单元,文章很长。笔者曾请一位语文水平中等的学生朗读本文,从头读到尾,需要 20 分钟。初三学生都害怕这么长的文章,更何况是让初二学生来读。一节课的教学时间,势必要有所取舍。因此,笔者拟选择几处有代表性的文字以点带面展开教学。

同时,由于学生没有作者那种身处黑暗寂静无声之中的切身体验,如果老师不引导学生深入地感觉其中的"享受"情趣,学生的感悟就会流于粗浅,流于结论。因此,有必要点拨、引导学生体验作者享受生活的乐趣,陶冶学生的性情。

笔者想要引导学生从"享受"一词入手,融进自己的情感体验,从字里行间去理解海伦·凯勒那种对生活的豁达态度与愉悦性情所带来的情感,使其从中受到激励与启迪:生命是美好的,挫折和坎坷在所难免,要珍惜生命,坦然面对困境,努力奋斗,战胜自我。

总体上,在语文学科教学方面,笔者拟引导学生由"面"上的整体感知到"点"上的细致体会再到"面"上的深入思考,通过琢磨语言,"嚼"出文字背后的情感和意蕴。在心理健康教育的渗透方面,一方面是由浅入深地感受和学习作者的积极心态,另一方面是沟通文本与学生生活,让学生了解与本文有关的几种"合理信念"和"不合理信念",有树立合理信念的意识。

四、教学目标

1. 捕捉阅读信息,体会并学习文中所表现的海伦·凯勒坦然面对困难、热爱生活的态度,从而得到一定的人生启迪,培养积极的人生态度。
2. 学习记叙中以细腻的描写表达感受,叙述中以恰当的议论和抒情提升内涵。

五、教学重点

体悟作者积极向上的生活态度。

教学难点:深入感受其中的"享受"情趣,避免流于结论。

六、教学过程及课题实验分析

教学过程	课题实验分析
一、导入 "你幸福吗"一度成为今年国庆期间新浪微博热议的话题。在这里,老师也想问问大家:身为中学生的你,有吃有穿的,你觉得幸福吗? 有一个人,她因发高烧而差点丧命,她19个月大时丧失了视觉、听觉和说话能力;她一生87年生活在黑暗和沉寂之中,却写了许多文字给无数残疾人和正常人带来鼓舞。她是谁呢?她就是?我们今天一起来学习她的《享受生活》,感受并学习她这种积极的心态。	[由询问学生的心情导入,引导学生关注自己面对生活的心态,同时,也自然地导入文本,将语文教学与心理课题有机结合。]
二、检查预习,整体感知 1. 整体把握文章结构,全文围绕哪句话展开? 2. "我"享受了哪些丰富多彩的生活? 3. 在这些丰富多彩的生活方式中,"我"的感受分别是怎样的?请仿照示例,搜索原文的词句回答。 例如:划船——心旷神怡	[搜索关键信息,感受海伦·凯勒丰富多彩的乐趣和她积极乐观的心态。]

续表

教学过程	课题实验分析
预设:幽静乡村——迷人可爱、回味无穷、尽情享受 骑自行车兜风——惬意、飘飘然而心旷神怡 和孩子们嬉戏——时间也过得很快 参观博物馆和艺术馆——灵魂充满了喜悦 看歌剧——比读剧本要有趣味得多、身临其境、不能忘怀、高兴得几乎跳起来 **三、精读体会** 1. 作者生活在黑暗与寂静中,对声音、色彩既没有记忆也没有感觉,那么,她是以什么样的特殊方式享受生活的? 预设:触摸、想象 2. 作者又是怎样细腻地传达她很"享受生活"的?以第3段为例,品味比较两段文字的区别。 描写(生动的形容词写出对自然界万物具体真切而又细腻的感受,丰富动词、拟人的修辞赋予万物以生命力等)。 3. 在这些乐趣无穷的享受生活的方式中,哪一种是对于我们常人而言都很难达到的艺术境界?自由朗读第12、13小节,说说她在博物馆和艺术馆享受到了哪些乐趣?她既看不见,又听不见,是如何达到我们常人难以达到的境界的呢? 预设:阅读了解(了如指掌,充分了解) 抚摸、展开想象、理解 **四、深入探究** 1. 请大家齐读第19到20小节,联系全文说说,作为一个"有很多缺陷"的人,她为什么能享受到丰富多彩的生活? 预设:无论处于什么样的环境,都要不断努力,都要学会满足。[自强不息]	[精读,感受海伦·凯勒丰富的想象力和对自然的热爱;感受她在艺术享受上的境界之高,以及她积极努力的姿态。] [探究海伦·凯勒能享受生活的原因所在,渗透心理健康教育。]

续表

教学过程	课题实验分析
热情乐观,热爱生命 　　忘我就是快乐。因而我要把别人眼睛所看见的光明当作我的太阳,别人耳朵所听见的音乐当作我的乐曲,别人嘴角的微笑当作我的快乐。 　　这句话所表达出的是一种什么样的情感和境界? 　　预设:表现出热爱生命,忘我、仁爱和快乐的情感。作者虽然身患多种残疾,但她并没有因为自己失去了视力与听力而孤立于社会之外,她的理智健全,在精神上是一个"站起来的人"。在这样的精神支持下,她把自己融入了社会,怀着博大的胸襟,把所有人的快乐当作自己的快乐。 　　2. 怎样理解她有时的孤独与苦闷?这种悲凉的论调会不会影响文章的主旨? 　　预设:真实而坦诚地写自己的痛苦,更反衬了她的热情和达观,勇于面对残酷的现实,战胜自我。 　　3. 最后两小节主要用了什么表达方式?说说最后两小节有什么作用。 　　预设:抒情、议论 　　作用:文中的议论抒情表现了她的人生态度,也使作者所叙述的生活内容得到了精神升华。 　　4. 让我们一起带着感情来朗读最后两小节,感受海伦·凯勒这样一个盲聋哑残疾者对生活的积极态度。 **五、结合实际,疏导心理** 　　1. 海伦·凯勒的思想境界和人生态度给你怎样的人生启示?请用简洁的一句话说说。 　　预设:生活中挫折、艰难难免,只有调整好心态,以乐观的态度对待生活,才能享受到生活的美好。	[进行心理健康教育,学习海伦·凯勒真实而坦诚地面对困境和挫折,不要回避挫折。] [掌握一种读书方法:抓住文中的议论抒情句,深入作者的内心世界。] [学习以议论和抒情升华文章内容。] [从文本中来,回到学生的心理实际中去,让学生明白要有乐观的心态,没有必要回避缺陷和挫折。]

续表

教学过程	课题实验分析

只有用心去触摸世界的人,才能与艺术家心灵相通,才能感受到艺术品的情绪波动。
  正确面对困难,坦然接受困难,尽力完成每一件事,永远有一颗拼搏的心。
  接受缺陷,接受现实,而非逃避!
  学会满足,忘我就是快乐。
  与其抱怨生活,不如接受现实。
  2. 生活中,类似海伦·凯勒的人与事有哪些?
  贝多芬 双耳失聪创作《交响乐》
  霍金 渐冻症写《时间简史》
  张海迪 高位截瘫 作家、翻译家
  瞎子阿炳创作《二泉映月》
  3. 为什么我们正常人反而经常不能享受生活中的种种乐趣?这是因为我们经常被不合理的信念困扰。有哪些不合理的信念,又有哪些合理的信念呢?
  预设:常见的四种不合理信念以及合理信念。
  我们只要克服这些不合理的信念,树立合理的信念,就能像海伦·凯勒一样享受生活中丰富多彩的乐趣!
  4. 赠送:为了断臂的维纳斯,请不要苛求这世界。
  六、凝望自我:(自由机动)
  相比海伦·凯勒,我们的生活又是怎样呢?读完本文,凝望自己的生活——有晴天,亦会有雨天,你曾经享受过它吗?又是如何享受的呢?请结合自己的生活体验写200字左右的片段与同学交流。
  (注意记叙与细腻的描写及恰当的议论抒情相结合。)
  无论处境如何,都要学会享受生活,这是一种生活态度。
	[感受更多的残疾者积极健康的心态,接触有缺陷而充满生命力的美,从中受到感染。]
	
	  [拿海伦等残疾人与我们普通人对比,进一步感受他们积极、努力的姿态。渗透心理健康教育,感受合理的信念、乐观向上的心态。]
	
	  [反思我们正常人为什么经常不快乐,看到不合理信念对人的困扰,有树立合理信念的意识。]

附：

	不合理信念	合理信念
1	如果事情非己所愿,那将是糟糕可怕的。	事情很少像我们所喜欢的那样发生,若事情有可能改变,我们应尽力争取,若不能则接受现实。
2	不愉快的事是由外在因素所引起的,我们必须控制它。	情绪是由我们对事情的知觉、评价产生的,是可以改变的。
3	面对现实中的困难和自我所承担的责任是件不容易的事情,倒不如逃避它们。	承担责任、面对困难与逃避它们相比,是合适的态度。
4	人必须依赖别人,特别是比自己强的人,只有这样才能生活得好些。	我们应该独立,并勇于承担责任,但并不拒绝别人的帮助。

9.《热爱生命》教学设计

教学目标

1. 体会小说细腻的心理描写和逼真的细节描写。
2. 领会主人公的精神魅力及其象征意味。
3. 心理渗透目标:体会人物在绝境中顽强求生的精神状态、人的坚强与对生命的渴望。对生活,每一个健康健全的人都应当有自己的理解与追求。当遇到困难的时候,应当要有奋斗、前进的拼搏精神,激发积极有为的人生理想。

教学重点

诵读,领会主人公的精神魅力。体会心理描写和细节描写的作用。

教学难点

体会小说的象征意义。

教学过程

一、导入：交代背景

19世纪末,在和美国北方领土相邻的加拿大朗戴克一带发现了金矿,成千上万的人卷入了"淘金热",可是幸运者毕竟凤毛麟角,不知有多少人梦断在那冰天雪地的极地荒原里。今天,我们就一起来感受发生在那个时期的一个故事。

二、整体感知

快速浏览课文。

用简洁的语言概括主要内容:一个美国西部淘金者绝境求生的艰难历程。

三、走进人物,体会精神

1. 他的生命遇到了哪些挑战?你是从哪个小节读到的?

预设:荒野让人恐惧、孤独、背叛、饥饿、寒冷、伤腿、疲倦、衰弱、包袱、野兽、狼的威胁。

2. 如果你处在这样一片荒野与孤独无助之中,你会怎么办?为什么这么处理?

预设:坚持。

　　　放弃。

人在大自然面前是脆弱的,甚至是不堪一击的。

3. 他是如何面对生命中的困境的?

预设:自己生火,吃浆果,啃鹿骨,丢包袱,抓鲦鱼,吃灯芯草,与病狼搏斗等。

4. 作者是怎样刻画他面对困境时的种种表现的?表现出了人物哪些性格特点?我们以文中的两个片段为例,体会一下作者细致的描写功夫。

预设:细腻的心理描写、逼真的细节描写。

出示:

课文片段1:第3段[心理描写:意识清醒、目标明确。]

课文片段2:第37、40、41段,想象一下垂死的人与垂死的狼搏斗的过程,你读出了他怎样的性格特点?

他:意志力坚忍顽强[动作描写、细节描写]。

5. [重点]结合全文来看,他为什么能够坚持下来?[体会人性之美,这中间有难点,也是心理教育渗透的重点,需要足够的时间。]

他:意志力坚忍顽强。

它:生命的本能[第42段的"它"]。

他:人的信念、追求。

6. 为什么他没有名字?叙述人称换成"我"好不好?

作者没有写出"他"的名字,因为"他"是一切热爱生命的人的代表,它不是一个单一的人,而是一类人,只要热爱生命就可以是"他"。加上一个具体的名字,反而使人物的典型性、代表性减弱了。

"我"更多的是代表自己、个体。

7. 小说的象征意味非常浓厚,这是西方许多文学作品的艺术特点。请揣摩文中显著的象征物"狼"的隐喻。

文中的"狼"可以看作险恶的自然环境与自然力量的一种隐喻。

四、学以致用,寄语众生

[读写结合。学会积极面对人生挑战。]

他死里逃生回来了,面对踌躇满志的即将开始闯荡世界的你,他根据自己的经历,赠送了你一个"生命的锦囊":里面有一句话,凝聚着他的人生经验。怎么写这句话?

预设:

热爱生命,发挥人性之美!热爱生命就是不放弃自己!

生有所求,死有所值。

五、布置作业

1. 在文章中自己感悟较深或留下深刻印象的地方做一些批注,重点从人物心理、动作、细节描写等方面进行赏析。

2. 转换叙述视角,以第一人称的视角改写人与狼搏斗的故事,比较两种不同视角的运用,各有哪些利弊?

10. 多媒体整合课：专题《朝花夕拾》教学设计

教学目标

知识目标

1. 了解全书内容,理解写作的目的和动机;
2. 了解鲁迅先生童年和青少年时代的经历,进一步了解鲁迅伟大的灵魂;
3. 熟悉对鲁迅先生影响最大的四个人物;
4. 领略鲁迅先生的文笔和思想。

能力目标

1. 培养学生收集信息、整理信息的能力;
2. 培养学生的语言感知能力、分析思考能力、对精彩语段的鉴赏能力;
3. 进一步提高学生阅读整本书的能力。

情感目标

引导学生透过鲁迅先生的文笔感受其思想的厚重,激发学生阅读和学习鲁迅作品的兴趣。

教学重点

1. 通过探究式学习深入了解作品的内容和主旨;
2. 学生通过收集信息、整理信息,从而增强自主探究学习的能力。

教学难点

对鲁迅的全面认识。

教学方法

在瑞博网络平台的环境下采用自主、合作、探究式学习。

教学过程

第一课时

教学目标：知识目标1，能力目标1、3，情感目标2。

教学重点：指导学生借助《小引》等资料整体把握本书中的主要故事、主要人物。

一、设疑激趣，导入专题

     独酌花酒释胸竹，寒衣不胜暑。
     朝花夕拾谁归属，甜酸咸辣苦。

这副对联概述了鲁迅先生创作《朝花夕拾》前后的情况，那么你觉得从字面上该怎样理解这副对联呢？

这本散文集到底记载了鲁迅先生怎样的一段心路历程，回忆了哪些人与事呢？让我们一起随着先生感受那些难于忘怀的记忆吧！

1．请同学们说说你所了解的鲁迅先生的有关情况。

鲁迅先生各个时代图片的相关链接。

2．教师运用瑞博平台提供更多的鲁迅及其作品创作的情况简介。

相关网站链接：

http://blog.sina.com.cn/s/blog_5846e82a0100cpsr.html

3．本书创作的时代背景。

（1）你知道鲁迅先生是在什么种情况下写下这本书的吗？

文字：http://blog.sina.com.cn/s/blog_5846e82a0100cohs.html

视频：http://www.56.com/u15/v_MTg2Mzk5MDA.html

（2）读《小引》，和同学讨论，划出与时代背景有关的句子，把握作者写作本书时的复杂心情。

链接《小引》，将体现心情的关键语句用红色笔标出。

［读整本书，要形成通过阅读序或跋再读正文的阅读习惯，以便了解作者的思想感情及写作意图，降低阅读难度。］

http://blog.sina.com.cn/s/blog_5846e82a0100cny8.html

明确：无聊、离奇、芜杂、悲愤等。

4. 联系《小引》思考:书名为什么由《旧事重提》改为《朝花夕拾》?

二、 重提那些旧事儿

1. 我们初中学过哪几篇《朝花夕拾》中的文章?

http://blog.sina.com.cn/s/blog_5846e82a0100cohy.html

[考虑到有些学习后进生学过就忘,所以运用瑞博平台链接原文,让他们可以温故知新。]

2. 教师利用瑞博平台提供这本散文集中的其他篇目。

相关网页链接:

http://blog.sina.com.cn/s/blog_5846e82a0100coi5.html

请同学们快速浏览自己最感兴趣的一篇。

[关注学生的个性差异和不同的学习需求,把学习主动权交给学生,让学生自由地选择自己喜爱的阅读材料,给学生自主选择的权利,充分发挥学生的自主性,让他们去享受无拘无束阅读的乐趣,从而走进作品。]

1. 概括所浏览篇目的主要内容,并谈谈作者所表达的主题思想。

相关链接:

http://blog.sina.com.cn/s/blog_5846e82a0100coi7.html

[利用瑞博平台,让学生在自主基础上可以分享阅读成果;课堂上,教师适当指导概括的方法。]

2. 向小组成员介绍你印象最深的情节,彼此交流,激发进一步阅读的兴趣。

相关链接(全文阅读):

http://www.thn21.com/Article/chang/13061.html

三、 重看那些故人

请同学们结合瑞博网络平台提供的信息回答并思考以下问题:

1. 《朝花夕拾》中主要出现了哪些人物?

这些人物图片的相关链接。

2. 猜猜他们是谁?

链接有关主要人物的片段描写:

http://blog.sina.com.cn/s/blog_5846e82a0100cnhh.html

明确:心术不正、令人憎恶的衍太太,潦倒一生的范爱农,勒索钱财、草菅人命的江湖庸医陈莲河,严厉古板的父亲。

3. 联系《小引》思考:作者为什么写这些人物?

相关网页链接:

http://blog.sina.com.cn/s/blog_5846e82a0100cnyj.html

［在具体阅读过程中,再次结合序或跋来阅读,再读正文,可以达到对作者写作意图及思想感情的正确把握。这里既是阅读方法的引导,也是对作者写作目的的把握,为下面深入文本做铺垫。］

4. 课后仿照例句为《朝花夕拾》中的人物写几张读书卡片,并选择你认为写得最好的一篇来精读。

相关网页链接:

http://www.thn21.com/Article/chang/13061.html

读书卡片:

http://blog.sina.com.cn/s/blog_5846e82a0100coib.html

［指导过程中提供相应的样例,指导学生学会读整本书的读书方法,但是又给学生自主的空间。］

第二课时

知识目标:2、3、4,能力目标2、3,情感目标1。

教学重点:指导学生以语言为突破口领略先生的文笔,感受其思想,达到对鲁迅的全面认识。

教学难点:信息整合能力。

一、复习导入,交流读书卡片

二、重品那时语言

鲁迅先生是怎样展示那些让他"时时反顾"的鲜活的人物形象的呢?

1. 请同学们自由朗读瑞博网络平台上展示的对鲁迅影响最大的四个人物——父亲、老师、朋友、保姆的有关描写。

相关链接:

http://blog.sina.com.cn/s/blog_5846e82a0100cnmz.html

2. 分角色朗读,读出你喜欢的人物的语气、语调。思考:你朗读的语段是怎样生动地叙事写人的?

〔书读百遍,其意自现。这是一本散文集,要注重诵读。学生在诵读中能感受到不同人物不同的个性;学生在诵读中可以感受到先生经典的语言;学生在诵读中能探究、领悟到人物的情感脉搏。这一板块,我们意在培养学生的自主学习能力:坚持给学生足够的时间和空间,让学生通过自读自悟解决问题,形成通过诵读品味语言的能力,使学生学会学习。〕

3. 学以致用,选择下面提供的一个关键词,通过朗读说说你选读的篇目写人记事的方法。

相关网页链接:

http://blog.sina.com.cn/s/blog_5846e82a0100coj4.html

选择典型细节、选择典型事件、白描、真情实感、对比、欲扬先抑、叙述、议论、抒情相结合,反讽,等等

〔学生读名著往往贪图热闹,热衷肤浅的线型快读,这里主要是为了指导学生细致品评,培养学生鉴赏的能力,体会叙事写人类散文的常用方法。〕

4. 对比阅读其他作者写人叙事的回忆性散文,体会先生的文风。

链接胡兰成《今生今世》:

http://learning.sohu.com/2003/12/01/28/article216322873.shtml

明确:首先,语言生动风趣而又深刻,以个人的生活经历反映了时代生活,展现了一幅幅浓郁的江南乡镇的风俗画;其次,依靠精选的事件片段和艺术细节,对人物性格的某些方面作突出的描写,几乎到了出神入化的地步,逼真传神地再现了人物性格,给人留下难忘的印象,值得我们中学生借鉴。

〔学生的个性差异很大,这里只要学生有所体会就行。〕

三、重读大师风范

1. 整合信息,感受先生的思想

通过《朝花夕拾》这部散文集,你读到了一个怎样的鲁迅先生?你的依据是什么?

读后感链接:

http://blog.sina.com.cn/s/blog_5846e82a0100cnft.html

讨论,明确:贪玩的少年? 好奇的孩子? 孝敬的儿子? 尊师的学生? 重情的朋友? 爱国的斗士?

无情未必真豪杰,怜子如何不丈夫?体会鲁迅在温情中对现实的关注,全面认识鲁迅先生。

[鲁迅先生不仅是一名以笔为武器战斗了一生、被誉为"民族魂"的爱国斗士,他也有那么多凡人琐事,也有他的喜怒哀乐,也有他的多彩生活,是那些平凡的人与事支撑着他面对险恶的现实。为什么要将他神化、复杂化呢?通过名著《朝花夕拾》的阅读,让学生体会到鲁迅先生温情的一面,达到全面认识先生的目的。原本高高在上的人不再让学生望而却步,吸引学生进一步阅读鲁迅的作品。]

2. 成长回眸

(1)每个人都有自己或甜美或忧伤的记忆,请你和几个要好的同学谈谈自己小时候的故事,要讲真正发生过的、有意思的事情,除叙事以外,还要有一点描写和抒情,要求把三者结合好。

(2)我们都曾经写过回忆性散文,但往往流于枯燥乏味或浅显狭隘,学了本专题之后,请重写我们的那些旧事,力求写得生动而深刻,能写得风趣些就更好了。(课堂列出提纲,课后周记完成。)

[语文教学是以正确理解和运用语言文字为内容的教学,为了巩固课堂名著阅读的效果,通过让学生写作来夯实基本的写人叙事的方法。]

3. 课堂之后的阅读

(1)推荐阅读

先生就是一本厚重的书,值得我们百般品味,百读不厌!

相关链接:

http://www.my285.com/xdwx/luxun/

点评:

http://blog.sina.com.cn/s/blog_5846e82a0100coil.html

http://blog.sina.com.cn/s/blog_5846e82a0100coj9.html

http://chinese.cersp.com/sKcjc/cKcyj/200801/6406.html http://www.xinyuwen.com/wenzhai/lunwen/121575.html

http://www.blcjedu.net/JYKY/BLJYKX/2005-03-15/1361.html

[两课时由面到点的阅读,无法穷尽名著的精华,只能抛砖引玉,由课内激发的兴趣顺势推荐学生走向课外自主阅读,为学生的课外阅读指明方向。当课

外语文学习成为学生的一种习惯时,学生语文素养的提升就不再是一句空话。]

(2) 请整合此次专题学习和课后阅读所获得的信息,任选角度,行之成文,在读书报告会上交流。

参考题目:

《〈朝花夕拾〉中的社会风习》《温柔的鲁迅》《犀利的鲁迅》《〈朝花夕拾〉中的些许人物》《爱憎分明的先生》《恬淡与讽刺并生》等。

[这是读完一本书后对阅读成果的梳理与归纳汇总。一是培养学生搜集整理信息的能力,增强学生的语言表达能力,及时表扬学生的阅读成果,保持阅读的兴趣。二是听百家言,扩大学生的视野,彼此取长补短。瑞博网络平台为学生提供了交流的空间,让学生之间有因为阅读而带来的同伴竞争与分享成果的快乐,并进一步引导学生走向更广阔的阅读天地,使课内外有机结合起来,增强学生思维的广度与深度。]

[注:根据学情的不同,可以灵活调整课时。一般两到三课时差不多。]

推荐人语

- 苏州市相城区望亭中学　石鑫佳

名著推荐与阅读具有广泛性的特点,教学设计往往容易架空,教师不易把握课堂,不能很好地提高学生阅读的兴趣,难以达到预设的教学目标。

但是王老师的设计有了突破,既符合新课标所强调的用自主、合作、探究的方式去学习,又在潜移默化中提高了学生的语文素养,充分体现了新课程理念。我推荐本设计为优秀教案。理由如下:

一是上出了语文味,体现了"一课一得"的教学原则,每一课时都有相应的教学重点,先从了解整本书的内容入手,再到从语言入手了解鲁迅。教学设计有梯度,层层深入。符合学生的认知规律,以新代旧,把名著与课本的内容联系起来,既加深了学生对本书的理解,激发了学生阅读的兴趣,也训练了学生提炼和整合信息的能力以及表达能力。比如,分角色朗读,读出你喜欢的人物的语气、语调,思考你朗读的语段是怎样生动地叙事写人的。在读中品,在读中悟,再回到写法的问题上,语文味十足。

二是用合作探究的方式引导学生去感悟、去发现,尊重学生的阅读体验,难能可贵。比如,向小组成员介绍你印象最深的情节,彼此交流,激发进一步阅读的兴趣。王老师给足了学生充分的交流时间,把交流落到实处。

三是利用瑞博平台扩充课堂容量,学生不再仅仅局限在教材所选的片段中,而是对整部散文集都有相应的了解。很好地引导学生去阅读本书,巧妙的设计激发了学生的阅读兴趣。

四是以读促写。在最后一个环节中,用写作去检验读书的效果,一举两得,阅读与写作有机地结合起来,学生一定会收获很多。可见王老师真正是一位潜心研究教学的老师,更是一位热爱语文的老师,很佩服。

小小的建议:课后仿照例句为《朝花夕拾》中的人物写几张读书卡片,并选择你认为写得最好的一篇来精读。在这里可以适当地指明写读书卡片的方法,让学生有明确的指向,特别是对于语文基础比较薄弱的学生,这样会更易于让学生去操作。

- 苏州市景范中学　陈　瑜

对于鲁迅的作品,作为初中生往往很难真正地去把握其中的深意,王老师的这份教案给了我们很大的启示:在教授文本的时候要关注作者,关注背景,而对于现有网络资源的充分利用,能更好地帮助学生解决这方面的问题,也充分调动了学生的参与性和积极性。同时,这样的教学方法也让我们在名著教学中不会变得手足无措了。

- 苏州市工业园区星海实验中学　颜　丹

读了王老师的教案,心得颇多。王老师很好地利用了网络资源,将网络作用发挥到极致,不管是文本内容,还是文本人物,抑或是相关资料,都以链接的形式向学生进行了展现。王老师善用合作形式,很好地发挥了学生互助的作用,使集体智慧得到了充分发挥。王老师很注重对学生语言表达能力和感悟能力的培养,并在自我体会的基础上增强他们的鉴赏能力。可谓是素质教育的真正体现。

- 苏州市相城区渭塘二中　陈凤娟

王老师的教学设计精巧又精细。先从读序开始,接着让学生读自己喜欢的文章,在交流中让学生大致了解整本书的内容,同时也促使学生在课后有再读的兴趣。然后再细读文章,了解人物的特点,在此基础上,品语言、学写法,感受鲁迅思想,最后让学生写读后感,把课堂引向课外。整个设计有梯度,又能落实到细处,很有操作性。其次,这样的设计使学生主体、老师主导的作用也得到了充分的体现。

叶圣陶先生曾说:"教任何功课,最终目的都在于达到不需要教。"语文阅读教学应该以文本为例,使学生"得法于课内,得益于课外"。王老师的设计将课堂延伸到课外,激发学生个性化阅读,让学生用自己的眼光阅读作品,用自己的心灵抚摸作品,生成自己的感悟。我觉得这一点是最值得学习的。

- 苏州市振华中学　金国明

名著的教学一直是我们初中语文教学的一大难点。首先,内容的过于庞大让我们老师很难抓住关键,而学生在名著的阅读中也一直是处于放任的状态,很难进行调控,况且名著的口味很难符合现在学生的口味,所以他们的自主性显然也是不理想的。但现在王老师的教学计划让我深受启发。现在这份计划显然是从学生的认知实际出发,以激发学生的主观能动性为基本宗旨,带动学生自主阅读,自主探究,并逐步由表及里、以点带面地对小说文本进行细腻的分析与体会。这样的调动全体学生共同参与的探讨课,可以说是对名著教学的一大尝试,对此我受益匪浅。

- 吴江市平望二中　朱晓燕

王老师的教案很有创造性,既有理论的高度,又方便操作。就我个人而言,平时对待名著推荐的内容,在教学时没怎么花心思去设计教案,教学的目的主要是奔着考试去的,这和王老师相比真是很惭愧。

"国培"北京大学初中语文教学团队专家点评

让我们看一看29班优秀作业《名著推荐与阅读〈朝花夕拾〉的教学设计》(江苏省昆山市葛江中学王敏),这堂课引入了瑞博网络平台——可惜教学设计中的链接失效无法访问——但能看得出来,一些链接是学生活动的产物,如果是这样,那它已经突破了一节课的"教"法,而是教师整合网络与现实课堂的优势,使各类学生开展自主、合作、探究学习的方法,或者说是利用网络带入学生的课堂之前、之后(本教学设计已经涉及课堂之后的阅读),组织起个性化语文学习的一种"阶段教学"方法。它可用于组织学生学《朝花夕拾》,也可用于学其他作品。

当然,名著阅读向来是教材中的难点,常常流于形式,或是形同虚设。如果更进一步,王老师的班级能够真正将网络学习平台应用起来整合日常教学,将课外学习与课内阅读做好衔接,例如,通过网络的流程设计将读书活动持续化,相关的网络讨论不必赶时间,而是散布在一个计划好的阶段内,将在网络空间讨论中形成的重要的、有价值的观点及时整理出来在现实课堂中供同学们分享,或者将现实课堂上教师重要的方法指导,甚至是师生之间在一次课间讨论中形成的有价值的信息编辑成文,放入网络和同学们交流,这不啻为教学方式的一次"革命"。

11. 修改专题《朝花夕拾》教学设计

教学目标

1. 了解鲁迅先生童年和青少年时代的经历,感受其思想历程;寻找鲁迅先生与学生生命的切合点。

2. 透过有代表性的情节和细节,感受先生作品中浓厚的生活气息和鲜明生动的人物形象。

教学重点

寻找鲁迅先生与学生生命的切合点,感受作品浓厚的生活气息。

教学难点

对鲁迅的全面认识;学习先生有所感触之后生动幽默地描写生活的笔法;感受先生的思想,拉近与先生的心理距离。

教学方法

在瑞博网络平台的环境下采用自主、合作、探究式学习。

教学过程

第一课时

教学目标:了解鲁迅先生童年和青少年时期的经历,感受其思想历程。

教学重点:指导学生借助《小引》等资料整体把握本书中的主要故事及主要人物。

教学难点:感受先生的思想历程。

教学准备:已经用至少两个早自习齐读过整本书中的10篇文章以及《小引》《后记》,有了初步的感知。

一、设疑激趣,导入专题

独酌花酒释胸竹,寒衣不胜暑,
朝花夕拾谁归属,甜酸咸辣苦。

这副对联概述了鲁迅先生创作《朝花夕拾》前后的情况,那么你觉得从字面上该怎样理解这副对联呢?

这本散文集到底记载了鲁迅先生怎样的一段心路历程,回忆了哪些人与事呢? 让我们一起随着先生感受那些难于忘怀的记忆吧!

1. 请同学们说说你所了解的鲁迅先生的有关情况。

鲁迅先生各个时代图片的相关链接。

2. 教师运用瑞博平台提供更多的鲁迅及其作品创作的情况简介。

相关网站链接:

http://blog.sina.com.cn/s/blog_5846e82a0100cpsr.html

3. 本书创作的时代背景。

(1) 你知道鲁迅先生是在什么种情况下写下这本书的吗?

文字:http://blog.sina.com.cn/s/blog_5846e82a0100cohs.html

视频:http://www.56.com/u15/v_MTg2Mzk5MDA.html

(2) 读《小引》,和同学讨论,划出与时代背景有关的句子,把握作者写作本书时的复杂心情。

链接《小引》,将体现心情的关键语句用红色笔标出。

[读整本书,要形成通过阅读序或跋再读正文的阅读习惯,以便了解作者

思想感情及写作意图,降低阅读难度。]

http://blog.sina.com.cn/s/blog_5846e82a0100cny8.html

明确:无聊、离奇、芜杂、悲愤等

4. 联系《小引》思考:书名为什么由《旧事重提》改为《朝花夕拾》?

二、重提那些旧事儿

1. 我们初中学过哪几篇《朝花夕拾》中的文章?

http://blog.sina.com.cn/s/blog_5846e82a0100cohy.html

[考虑到有些学习后进生学过就忘,所以运用瑞博平台链接原文,让他们可以温故知新。]

2. 教师利用瑞博平台提供这本散文集中的其他篇目。

相关网页链接:

http://blog.sina.com.cn/s/blog_5846e82a0100coi5.html

请同学们快速浏览自己最感兴趣的一篇。

[关注学生的个性差异和不同的学习需求,把学习主动权交给学生,让学生自由地选择自己喜爱的阅读材料,给学生自主选择的权利,充分发展学生的自主性,让他们去享受无拘无束的阅读的乐趣,从而走进作品。]

1. 概括所浏览篇目的主要内容,并谈谈你读出了什么。

相关链接:

http://blog.sina.com.cn/s/blog_5846e82a0100coi7.html

[利用瑞博平台,让学生在自主基础上分享阅读成果;课堂上,教师适当指导概括的方法。]

2. 给小组成员读一读你印象最深的情节,彼此交流,激发学生进一步阅读的兴趣。

相关链接(全文阅读):

http://www.thn21.com/Article/chang/13061.html

三、重看那些故人

请同学们结合瑞博网络平台提供的信息回答并思考以下问题:

1. 《朝花夕拾》中主要出现哪些人物?

这些人物图片的相关链接。

2. 猜猜他们是谁?

有关主要人物的片段描写链接:

http://blog.sina.com.cn/s/blog_5846e82a0100cnhh.html

明确:心术不正、令人憎恶的衍太太,潦倒一生的范爱农,勒索钱财、草菅人命的江湖庸医陈莲河,严厉古板的父亲。

3. 联系《小引》思考作者为什么写这些人物?

相关网页链接:

http://blog.sina.com.cn/s/blog_5846e82a0100cnyj.html

[在具体阅读过程中,再次结合序或跋来阅读,再读正文,可以达到对作者写作意图及思想感情的正确把握。这里既是阅读方法的引导,也是对作者写作目的的把握,为下面深入文本做铺垫。]

4. 初步梳理先生童年时期和青年时期的情感历程。

[对往日亲友和师长的怀念,对旧习俗的不满,探求真理的强烈愿望,对现实的失望,回国后的努力与挣扎。]

5. 课后仿照例句为《朝花夕拾》中的人物写几张读书卡片,并选择你认为写得最好的一篇来精读。

相关网页链接:

http://www.thn21.com/Article/chang/13061.html

读书卡片:

http://blog.sina.com.cn/s/blog_5846e82a0100coib.html

[指导过程中提供相应的样例,指导学生学会读整本书的读书方法,但是又给学生自主的空间。]

第二课时

教学目标:透过有代表性的情节和细节,感受先生作品中浓厚的生活气息和鲜明生动的人物形象。

教学重点:指导学生以语言为突破口领略先生的文笔,细读文本感受其思想,达到对鲁迅的全面认识。

教学难点:寻找鲁迅先生与学生生命的切合点,感受作品浓厚的生活气息。

一、复习导入，交流读书卡片

二、重品那时语言

鲁迅先生是怎样展示那些让他"时时反顾"的鲜活的人物形象的呢？

1. 请同学们自由朗读瑞博网络平台上展示的对鲁迅影响最大的四个人物——父亲、老师、朋友、保姆的有关描写。

相关链接：

http://blog.sina.com.cn/s/blog_5846e82a0100cnmz.html

2. 分角色朗读，读出你喜欢的人物的语气、语调。思考你朗读的语段是怎样生动地叙事写人的。

[书读百遍，其意自现。这是一本散文集，要注重诵读。学生在诵读中能感受到不同人物不同的个性；学生在诵读中可以感受到先生经典的语言；学生在诵读中能探究、领悟到人物的情感脉搏。这一板块，我们意在培养学生的自主学习能力，坚持给学生足够的时间和空间，让学生通过自读自悟解决问题，形成通过诵读品味语言的能力，使学生学会学习。]

3. 学以致用，选择下面提供的一个关键词，通过朗读说说你选读的篇目写人记事的方法。

相关网页链接：

http://blog.sina.com.cn/s/blog_5846e82a0100coj4.html

选择典型细节、选择典型事件、白描、真情实感、对比、欲扬先抑、叙述、议论、抒情相结合，反讽，等等。

[学生读名著往往贪图热闹，热衷于肤浅的线型快读，这里主要为了是指导学生细致品评，培养学生的鉴赏能力，体会叙事写人类散文的常用方法。]

4. 对比阅读其他作者写人叙事的回忆性散文，体会先生的文风。

链接胡兰成《今生今世》：

http://learning.sohu.com/2003/12/01/28/article216322873.shtml

明确：首先，语言生动风趣而又深刻，以个人的生活经历反映了时代生活，展现了一幅幅浓郁的江南乡镇的风俗画；其次，依靠精选的事件片段和艺术细节，对人物性格的某些方面作突出的描写，几乎到了出神入化的地步，逼真传神地再现了人物性格，给人留下难忘的印象，值得我们中学生借鉴。

[学生的个性差异很大，这里只要学生有所体会就行。]

三、重读大师风范

1. 整合信息,感受先生的思想

通过《朝花夕拾》这部散文集你读到了一个怎样的鲁迅先生?

你的依据是什么?

读后感链接:

http://blog.sina.com.cn/s/blog_5846e82a0100cnft.html

讨论,明确:贪玩的少年?好奇的孩子?孝敬的儿子?尊师的学生?重情的朋友?爱国的斗士?

无情未必真豪杰,怜子如何不丈夫?体会鲁迅温情中对现实的关注,全面认识鲁迅先生。

[鲁迅先生不仅是一名以笔为武器战斗了一生、被誉为"民族魂"的爱国斗士,他也有那么多凡人琐事,也有他的喜怒哀乐,也有他的多彩生活,是那些平凡的人与事支撑着他面对险恶的现实。为什么要将他神化、复杂化呢?通过对名著《朝花夕拾》的阅读,让学生体会到鲁迅先生温情的一面,达到全面认识先生的目的。原本高高在上的人不再让学生望而却步,吸引学生进一步阅读鲁迅的作品。]

2. 成长回眸

(1)每个人都有自己或甜美或忧伤的记忆,请你和几个要好的同学谈谈自己小时候的故事,要讲真正发生过的、有意思的事情,除叙事以外,还要有一点描写和抒情,要求把三者结合好。

(2)我们都曾经写过回忆性散文,但往往流于枯燥乏味或浅显狭隘,学了本专题之后,请重写我们的那些旧事,力求写得生动而深刻,能写得风趣些就更好了。(课堂列出提纲,课后周记完成。)

[语文教学是以正确理解和运用语言文字为内容的教学,为了巩固课堂名著阅读的效果,通过让学生写作来夯实基本的写人叙事的方法。]

3. 课堂之后的阅读

(1)推荐阅读

先生就是一本厚重的书,值得我们百般品味,百读不厌!

相关链接:

http://www.my285.com/xdwx/luxun/

点评：

http://blog.sina.com.cn/s/blog_5846e82a0100coil.html

http://blog.sina.com.cn/s/blog_5846e82a0100coj9.html

http://chinese.cersp.com/sKcjc/cKcyj/200801/6406.html http://www.xinyuwen.com/wenzhai/lunwen/121575.html

http://www.blcjedu.net/JYKY/BLJYKX/2005-03-15/1361.html

〔两课时由面到点的阅读，无法穷尽名著的精华，只能抛砖引玉，由课内激发的兴趣，顺势推荐学生走向课外自主阅读，为学生的课外阅读指明方向。当课外语文学习成为学生的一种习惯时，学生语文素养的提升就不再是一句空话。〕

（2）请整合此次专题学习和课后阅读所获得的信息，任选角度，行之成文，在读书报告会上交流。

参考题目：

《〈朝花夕拾〉中的社会风习》《温柔的鲁迅》《犀利的鲁迅》《〈朝花夕拾〉中的些许人物》《爱憎分明的先生》《恬淡与讽刺并生》等。

〔这是读完一本书后对阅读成果的梳理与归纳汇总，一是培养学生搜集整理信息的能力，增强学生的语言表达能力，及时激励表扬学生的阅读成果，保持阅读的兴趣。二是听百家言，扩大学生的视野，彼此取长补短。教师借助瑞博网络平台为学生提供了交流的空间，让学生之间有因为阅读而带来的同伴竞争与分享成果的快乐，并进一步引导学生走向更广阔的阅读天地，使课内外有机结合起来，增强学生思维的广度与深度。〕

〔注：根据学情的不同，可以灵活调整课时。一般两到三课时差不多。〕

修改说明：有意识地把散文的教学区别于其他文体的教学。主要是进一步加强了朗读，加强了对作者心理历程的把握，同时也加强了文本细读。另外一方面，在阅读了钱理群老师有关鲁迅作品教学的报告之后，在教学目标的设置上进一步降低了要求，不强求学生能够体会鲁迅先生思想的深刻，只要稍微有所感悟即可，而将目标定位在拉近鲁迅先生和学生的心理距离。教学重点是根据课堂情况寻找鲁迅先生与学生生命的切合点，感受作品浓厚的生活气息。

12.《范进中举》教学设计

教学目标

1. 从不同视角看同一人物形象,全面把握范进这一儒林丑儒。
2. 把握文章主旨之一:封建科举制度对读书人的毒害。感受作者对它的讽刺态度。

教学重点

范进形象。

教学难点

理解封建科举制度对读书人有哪些毒害。理解范进为什么发疯,以及作者对范进的态度。

教学过程

一、导入

PPT 图片,今天,我们一起学习《范进中举》。齐读标题。作者是?选自?体裁是?主要人物是?文中还有一些次要人物,例如胡屠户、邻居、张乡绅、报录人等。

检查预习:这个人就是范进,文章写了有关他的什么事情?能否用简洁的语言概括?

54 岁的老童生范进终于考上了举人,欢喜至疯,最后被平日最怕的老丈人胡屠户一巴掌打清醒的故事。

你觉得范进是个什么样的人?

两三个学生回答。大家对范进有一定的把握。把握得比较到位。

二、转换视角看范进

今天,老师请大家转换视角,借胡屠户、邻居、张乡绅和报录人的眼,看看范进到底是一个什么样的人。

1. 什么是"转换视角"呢?就是转换看问题的角度。老师先给大家举个例子。

例如:范进出场时给人留下深刻印象的文字——"面黄肌瘦,花白胡须,头上戴一顶破毡帽",这是考官眼里的范进,这个客观的视角,让我们了解到范进的年龄、肖像、经济状况、考学经历。从考官眼中,我们看到了一个穷困潦倒的老童生形象。

2. 学生转换视角,合作讨论交流:前后左右分组,尽量不重复。

先看胡屠户眼中的范进:中举前毫无尊严,被骂作"现世宝""烂忠厚没用""尖嘴猴腮""不三不四";不事生产,没有劳动能力,连养家糊口的能力都没有,唯唯诺诺,猥琐无能等;中举后,则成了"文曲星","才学又高,品貌又好",虚伪圆滑,趋炎附势。

3. 提示:作者客观描写了邻居的所见所闻所行,这一切也像"镜子"一样能映出范进的形象,以及这些不动声色、客观冷静的描写背后所蕴含的深意,需要我们还原情境、紧贴人物才能挖掘出来。

举例启发:邻人看见"范进抱着鸡,手里插个草标,一步一踱地东张西望,在那里寻人买"。如此呆气十足地卖鸡实在可笑。可见在邻居眼里,范进是一个无用的书呆子。

请大家继续"贴着人物"看书。

例如:范进在集市上之所以不相信邻居的报喜,肯定是因为邻居经常耍弄、欺哄他。由此可看出,在邻居眼里范进是一个老实可欺的人。

例如:第5节 疯态十足

如何刻画其疯:正面描写、侧面烘托、夸张等。

为什么喜极而疯呢?设想其心理活动。

拼命读书,摆脱贫困屈辱的生活,过上荣华富贵的生活。疯子。

4. 张乡绅眼中的范进又是怎样的一个人呢?

结识房师,继续升迁,官路通畅。

范进拼命读书考试,是为了做官发财,追求功名利禄。

对于这一套官场的阿谀奉承,范进怎么不学自会呢?耳濡目染,浸染在这样的社会中。

5. 报录人眼中的范进又是怎样的呢?

报录人怎么就把范进的毛病拿捏得这么准呢?真是太奇怪了。

报录人处变不惊、胸有成竹,治好范进的疯病,看来那时"新贵人"发疯是平常事。所以在报录人眼里,范进只是千千万万个喜极而疯的"科举大军"中的一员,以至他们见多不怪,竟成"良医"。

范进只是一个被科举制度毒害了的考试机器。

能紧贴人物,读出复杂的人、立体的人。

三、理解主旨,把握作者的情感态度

1. 范进只是个案,透过这个人物,作者想要讲当时社会的普遍现象。

这一巴掌不仅打在范进脸上,更是打在整个封建科举制度的要害上。

科举考试对读书人来说有极大的诱惑力,因为这是那个社会提供给他们改变自己命运的唯一途径、一根救命稻草、一座独木桥,这条路是那么的艰难,对读书人的心灵是一种巨大的摧残,把知识分子束缚在科举制度框架内,扼杀他们的独立人格和自由灵魂,而这样的科举制度竟影响了中国封建社会1400多年!

2. 从中可以看出作者怎样的情感?

生:表现出作者对科举制度的深恶痛绝。

师:作家痛感科举制度已把读书人腐蚀到了不可救药的地步。

(板书:将"痛恨"箭头指向科举制度)

师:是呀,怎么不令人痛恨呢?范进这个典型形象让人有太多的思考,我们难以想象在科举制度盛行的社会文化背景中,读书人是怎样一年又一年地跋涉在科举的漫漫长途上;我们难以想象在这个过程中,他们的心灵、他们的人格又是怎样受到巨大的扭曲。感谢范进,感谢吴敬梓让我们了解这么多,让我们在笑的同时感受到非常深沉的悲哀!让我们没有理由不珍惜我们当下的社会、我们的学习!

13.《范进中举》教学反思

小说的教学内容如何确定,如何展开教学?笔者想琢磨琢磨,让学生本来就喜欢的小说课堂变得更加深刻而有趣。

苏教版八年级下册有一个单元是"小说之林",一共有5篇小说,有古代的,有现代的;有中国的,有外国的;有篇幅长一点的,也有短一点的。分别是《孔乙己》《范进中举》《口技》《变色龙》《窗》。

这学期,"青蓝工程"正好轮到了我作为师傅开一堂课。于是,我选定《范进中举》作为研究对象,开始准备上课。上课时间初定于4月中下旬。

阅读《儒林外史》:俯瞰全书趣无穷

2013年3月31日,笔者买来了《儒林外史》,开始阅读原著。《儒林外史》是吴敬梓的代表作。吴敬梓(1701—1754),清小说家。字敏轩,因其书斋署"文木山房",晚年自号文木老人;又因自故乡安徽全椒移居南京,故又自称秦淮寓客。吴敬梓的家族中曾祖父和祖父两代人之间一共有6名进士,可以说是科甲鼎盛的缙绅世家。父亲吴霖起是康熙年间的拔贡,出任江苏赣榆县教谕,为人耿直恬淡,不慕名利,对吴敬梓的思想和品行有一定的影响。

吴敬梓的父亲去世后,近房中不少人觊觎其遗产,吴敬梓是嗣子,便给了他们以可乘之隙,于是发生了吴敬梓《移家赋》中所说的"兄弟参商,宗族诟谇"的争产纠纷,乃至发生了亲族冲入家中攫夺财产的事件。这件事刺激了吴敬梓,使他看清了封建社会家族伦理道德的丑恶本质,认识了那些衣冠楚楚的缙绅人物的虚伪面目,使他和那些倚仗祖业和门第做寄生虫的庸俗人物分道扬镳。

吴敬梓29岁应试举人落第,从此再也不应乡试。吴敬梓在30岁以前就将田产房产都消耗光了。33岁时移家南京,开始了他的卖文生涯。36岁那年,吴敬梓曾被荐应博学鸿词之试,但只参加了省里的预试,就托病辞去了征辟,甘愿过素约贫困的生活,54岁客死在扬州。

作者有意把《儒林外史》中的故事假托发生在明代,而实际上描绘的却是清代广泛的社会生活,反映了作者同时代的文人在科举制度毒害下的厄运,进一步揭露了科举制度的虚伪性。作者在无情地鞭挞丑恶事物的同时也热情地歌颂了一些理想人物,例如,王冕的不慕荣利、不随流俗,杜少卿的不拘礼法、不和庸俗生活妥协等。书中有真儒、悲儒、恶儒、丑儒,也有官吏、乡绅、衙役,还有地主、盐商、艺人、医生、和尚等,林林总总,五光十色,堪称"中国18世纪一幅全景的风俗画"。

《儒林外史》具有很高的艺术成就,尤其是讽刺艺术的运用历来为评论家所称道。作者或用强烈的对比展示人物行为前后的矛盾,给予辛辣的嘲讽,如胡屠户在范进中举前后的市侩嘴脸;或用白描手法精心刻画人物活动的细节,借以暴露其可笑可鄙的内心世界,像严监生悭吝成性,临死前伸着二指不断气;或借人物言行,皮里阳秋,以喜剧手法揭示人物的矛盾性,从而达到嘲讽的效果,像严贡生自称"为人率真","从不晓得占人寸丝半粟的便宜",却被小厮当场戳穿;等等。作者嬉笑怒骂,极尽讽刺之能事。

作为长篇小说,《儒林外史》的另一个突出特色就是结构上的独立,它没有贯穿首尾的主干,但是恰恰很好地突出了作者想要表达的中心。小说的开头出现王冕,中间出现凤四老爹,结尾出现四大奇人,这是作者的精心安排。他们全是没有任何社会地位、游离于统治秩序之外的平头百姓。他们的冰清玉洁、古道热肠、淡泊明志,都与丑态百出的儒林和官场形成鲜明对照,正如胡适在《吴敬梓评传》中所说:"不给你官做,便是专制君主困死人才的唯一的妙法。要想抵制这种恶毒的牢笼,只有一个法子:就是提倡一种新的社会心理,叫人知道举业的丑态,知道官的丑态;叫人觉得'人'比'官'格外可贵,人格比富贵格外可贵。社会上养成这种心理,就不怕皇帝'不给你官做'的毒手段了。而一部《儒林外史》的用意只是要想养成这种社会心理罢了。"吴敬梓认识到,人格独立的背后是经济独立。在被权力网络所覆盖的儒林中,只有爬墙藤一样的附庸。市井人物操持着被士大夫所蔑视的职业,他们却在这职业中获得了真正的经济独立,在市井中反倒能保持人格的独立与心灵的自由,所以作者自己后来也不屑于科举考试而甘愿忍受贫穷。

从整体上阅读全书,看到的是科举制度下整个社会的腐朽与丑陋。流连于作者的嬉笑怒骂之中,不禁佩服吴敬梓犀利的眼光、超世独立的人格!

研读《范进中举》：人格扭曲现丑态

2013年4月19日，笔者开始考虑《范进中举》的教学设计。

首先考虑的是文本本身的特点。这篇小说以范进中举这一事件为中心，胡屠户、众邻居、张乡绅等不同的人在范进中举前和中举后分别都有不同的表现，在这些人物不同的表现中，情节向前发展，趋炎附势的封建社会的面貌逐渐显露。同时，范进本人在中举前后随着政治地位和经济地位的变化，也由中举前的唯唯诺诺、懦弱无能摇身一变，变得虚伪逢迎、高高在上。这一翻天覆地的变化形成鲜明的对比，突出这些人对科举制度的着迷、对功名利禄的热衷，突出整个社会的世态炎凉、趋炎附势。通过对这些人物的塑造，作者讽刺了封建科举制度以及这个制度下的世态炎凉。

这篇小说最大的艺术特色是讽刺手法的运用，通过对比、夸张和对人物本身的细节刻画形成强烈的讽刺效果。

中举前，范进对来自周围人的侮辱、轻蔑和嘲笑都默默忍受下来，不敢有丝毫的反抗。比如，在他中了秀才之后，胡屠户依旧说他是"现世宝"，"烂忠厚没用的人"，他居然说"岳父见教的是"而不作反抗；喝完酒岳父离开，范进则是"千恩万谢"。为参加乡试去借盘缠，范进又被胡屠户"一口啐在脸上，骂了一个狗血喷头"，他听着那些不堪入耳的话，也仅止于"摸门不着"而已。中举后，范进高兴得不仅是又说又笑，而且往门外飞跑，"一脚踹在塘里，挣起来，头发都跌散了，两手黄泥，淋淋漓漓一身的水"，活像一只落汤鸡，丑态百出。见着岳父不再是恐惧不安，而是居高临下的一副主人嘴脸，对胡屠户的称号不再是"岳丈"这些尊贵的称呼，而是"老爹"这个在封建社会人们对老人的一般称谓；对于老丈人的巴结讨好，范进则是坦然承受。从这些精彩的描写中我们可以看到范进的人格被扭曲了，这些扭曲意味着他当官之后在仕途上将会怎样，恐怕他会是拼命地去攫取以弥补自己所失去的。这样的人才对国家又有何用！

胡屠户是个嫌贫爱富、趋炎附势的市侩。范进中举前，他骂范进是"现世宝"，"烂忠厚没用的人"，连中了秀才也是沾了他的光；他甚至觉得把女儿嫁给这么一个穷鬼简直是倒了一辈子的运。这么多年，不知道贴了多少钱去资助这一家人，因为这是他女儿家，没有办法。对范进中举，他又极尽嘲弄之能事，说范进是"癞蛤蟆想吃起天鹅肉"，又说范进"尖嘴猴腮，也该撒泡尿自己照照"，口气傲慢,话语粗俗,不堪入耳,甚至一口痰吐到了范进脸上。等到范进真中了举人,他忽然一百八十度大转变,称范进为"老爷",当众夸范进"我这个贤婿,才学又高,品貌又好……我自己觉得女儿像有些福气,毕竟要嫁与个老爷,今日果然不错",把范进捧上天。范进疯了,他忙前忙后,煞是尽心,范进的衣服皱了,他"一路上低着头替他扯了几十回";范进给他银子,他嘴上说不要,却紧紧"攥"在手里,当听说范进不要银子,他则是"连忙把拳头缩回去,往腰里揣",离开时他则是"千恩万谢,低着头,笑眯眯的去了",一副嗜钱如命的市侩形象。

中举前,范进是受尽周围人的白眼和嘲讽,没有任何的社会地位:他去参加乡试,"家里已饿了两三天",母亲"饿地两眼都看不见了"。范进中举后,素不相识的张乡绅也来套近乎,送银送房送奴仆;时常嘲弄范进的众邻居这时也是"有拿鸡蛋来的,有拿白酒来的,也有背斗米来的,也有捉两只鸡来的";范进发疯,鞋丢了,"热情"的邻居也拾来给范进穿上,真是"穷在闹市无人问,富在深山有远亲"!这些人和范进一样也深受封建科举制度的毒害,趋炎附势,羡慕权贵。作者用辛辣的笔墨对这群市侩进行了无情的揭露和讽刺,极大地增强了这篇小说的讽刺性。

研读文本,主要抓的是小说的特点,研习人物形象塑造以及由此反映社会面貌的方法。

紧接着的关键是把握学情。八年级的学生对这篇文章能够理解到什么程度呢?教学的难点在哪里?如何突破?结合前面几届学生的教学,我发现,主要是对于范进的发疯,他们感觉的确好笑,但是,笑过之后,有的同学觉得无非是夸张了一点而已,其实,我们自己考了满意的分数之后不是一样发疯似的开心吗?课文中哪里能够体现封建科举制度对读书人的毒害呢?毒害体现在哪里呢?第一次试上之后,我甚至发现,有同学认为,胡屠户对他骂得那么凶,但是范进都没有反抗,说明他是很"孝顺"的一个人;还有他几十年坚持参加考试,是多么的"执着"啊!可见,学生对于封建科举制度及其对读书人的毒害是没有什么体会的,甚至他们容易由此联想到自己,自己不是像范进一样的吗?一直要读书,只有读好了书,才能迎来一张张笑脸和奖励,否则迎来的只有责骂与耻笑。

怎么让学生走进那个时代,感觉、体会到科举制度之下人性的被扭曲、被腐蚀,这是理解上的难点,而对于社会的趋炎附势、人心的世态炎凉,这一点则是比较容易看到的。

胡适在《吴敬梓评传》中说:"不给你官做,便是专制君主困死人才的唯一的妙法。要想抵制这种恶毒的牢笼,只有一个法子:就是提倡一种新的社会心理,叫人知道举业的丑态,知道官的丑态;叫人觉得'人'比'官'格外可贵,人格比富贵格外可贵。社会上养成这种心理,就不怕皇帝'不给你官做'的毒手段了。而一部《儒林外史》的用意只是要想养成这种社会心理罢了。"

笔者觉得,范进的丑态,关键在于以中举为分界点,前后表现的人格完全是扭曲分裂的。封建科举制对读书人的毒害,恐怕就在于让人热衷科举,如痴如醉,读书的目的仅仅是为了荣华富贵,为了升官发财,而不是为了"修身、齐家、治国、平天下"。

教学实验:有实践才有突破,有反刍才能消化

既然学生看不出范进有多丑陋,那么就从他的发疯入手吧。此时,已经确定好上课时间是4月27日下午,地点是花桥中学。于是,在紧张的期中考试之后,4月24日和4月25日,我将脑子里一直在酝酿的第一次和第二次的教学设计付诸实施了:

一、直接导入,概括主要情节。

二、范进中举,天大的喜事呀,怎么会发疯呢?

1. 哪个自然段写他发疯?他为什么疯了?从哪里看出来?"好了,我中了!"

2. 范进中举之后,是不是一切都好了呢?[对比]

[政治、经济地位变化涉及周边人对范进态度的变化,牵扯太多,有些杂乱。]

三、谁出的主意给范进治好的疯病?由此看到当时怎样的社会面貌?作者的态度?

整个课堂,由范进周围人对范进态度前后的对比,到范进自己前后迥然不同的表现,看出范进中举之后政治、经济地位的变化,看出他热衷科举的原因是为了这些功名富贵,由此体会到范进发疯的原因。

但是,片段朗读和体会较多,没有深入有效的语言活动,也没有深入的思考认识,学生并不觉得范进有多么丑陋。"追求功名也是生活目标之一呀!"一个

学生对我说。是啊,学生并没有说错! 是我的课堂出错了还是我的教学目标有问题? 都有可能。反正,无论如何,必须推动学生的思考向前深入。吴敬梓先生对范进的态度是讽刺的,需要让学生读出疯狂追求功名的丑态来。

无法改变学生,当然要改变自己啦! 于是,考虑是否推翻这两次的教学设计,从另外一个切入点突破:从其他人的角度看范进。这个想法早已有,只是考虑难度可能较大,一直不敢实施。

4月26日要参加中语会的活动,脑子里带着"范进"出发。还真的挺"费劲"的!

中语会的活动紧张而充实,没有多余的精力考虑麻烦的"范进"。犹豫之后,决定尝试从其他人的角度来突破对主要人物的认识。因为这篇文章本身对范进的正面描写就不是很多,相反,对其他人物的描写倒是占了大部分的篇幅。这当然与作者本身要反映社会的趋炎附势、世态炎凉有关,但同时,是不是正好也可以从众人眼中看出范进这一人物的病态呢?

没有多余的时间去查看其他的一些理论资料了。从苏州回家之后,我并不敢确认这样做是否合理,就直接进入了新的教学设计,用实践来证明是否可行又有何妨? 我抓紧晚上的时间完成了新的教学设计,同时还预约了一个班级做自己实验的"小老鼠"。

4月27日上午第一节课,借班上课,教学设计如下:

一、直接导入。

二、整体感知:用简洁的语言概括故事情节,你觉得范进是个怎样的人?

三、转换视角看范进,分别从胡屠户、邻居、张乡绅、报录人的眼睛里看范进这一人物,看到范进的热衷功名、人格扭曲。

四、理解主旨,把握作者的情感态度。

这节课,学生总是无法转化视角看范进,他们会应试地中规中矩地分析胡屠户的形象、张乡绅的形象,而不会从这些人眼中看范进。而且学生思维迟钝,总是游离在文本之外,没有贴近文本看人物,只有少数学生能够进入文章之中。我知道这个班级的学生不喜欢动脑筋,但是也不至于如此进入不了课堂啊! 我自己在上课过程中感觉到,这样转换视角容易看到范进人格的被扭曲。我想,我的设计也许太难了,不适合这些学生,需要降低难度。

师傅建议背景先出示,让学生先知道封建科举制度,然后让他们在预定的轨道前进。我知道，这样给人主题先入的感觉，但是想想乡镇上的学生多半比我们的学生还难以调动，先给背景也未尝不好。而且几次试上证明，学生只明白范进发疯，并不能很深刻地体会到封建科举制度的毒害与疯狂。这样看来，把背景先给学生，肯定可以帮助学生理解，从而降低难度。

于是，抓紧时间修改润色了两节课，第四节课又借了一个班级试上。这一次，没有直奔课题，而是介绍了封建科举制以及周进提携范进中秀才和举人的故事，想要抓住学生的注意力，引领学生进入当时的社会环境，果然，学生一下子就进入了文本，转换视角这一环节顺利地开展起来了。而且，他们感觉到范进太可笑太可怜了，完全没有自我，成了考试和功名利禄的奴隶。对比的手法和细节刻画的方法，也在教学内容展开的过程中解决了。相比较于第一次的试上，课堂目标达成顺畅多了。但是，由于时间仓促，没有人帮忙听一听，只能自己凭感觉再做修改了。

为了避免介绍科举制度时浪费过多的课堂时间，我决定把科举制度及其考试流程、考试内容以预习资料的形式发给学生课前看一下。原先板书只有"疯"和"丑"以及"讽刺"几个字，再把这个板书扩充具体了，将上课的主要内容全部具体呈现，帮助学生通过板书看到范进的人格扭曲，也看到主要的用对比手法刻画人物的写法。

一上午，虽然仓促，但基本上有条不紊。虽然脑子里有些东西是不大确定的，但是还是很期待接下来的课堂实验！

下午，在花桥中学初二(4)班上课，教学设计如下：

一、故事导入：课题、作者、背景。

二、整体感知：用简洁的语言概括故事情节，你觉得范进是个怎样的人？

三、转换视角看范进，分别从胡屠户、邻居、张乡绅、报录人的眼睛里看范进这一人物，看到范进的热衷功名、人格扭曲。

四、理解主旨，把握作者的情感态度。

也许是有点心虚紧张，也许是没有休息好，导入部分有两个地方介绍顺序颠倒了，还有胡屠户的动作漏分析了，不够从容。但是，看得出，学生进入了文本，整个课堂学生比较感兴趣。故事导入的方式也得到了一线教师的大大肯定。

但是，如我所料，宋老师一针见血地指出先入为主的导入显得冗长且不够精致,而且指出课堂上最大的问题是:"到底是什么与什么的对比?"换个角度看范进是否有必要?目的是什么?

的确,反思自己的教学实践过程,刚开始我是想研究小说教学的一般范式及其特殊性的,可是,到后来,特别是在4月27日的试上过程中,就变成了如何突破学生理解的难点:科举制对范进的毒害具体表现是什么?为什么说科举制毒害了范进?范进的"丑"态表现在哪里?为了突破这些难点,从预习资料的准备到作者及其写作背景的提前介绍,都显得过于急功近利,没有回到文本之中。反思问题所在,是没有站在理论的高度俯视指导自己的设计,而是滑出文本之外想办法解决问题。其实,能不能从文本之中解决问题呢?而且,有必要根据文本本身的信息来突破难点,因为大部分时候学生是无法获取更多的文本之外的参考资料的。

我的教学设计是想在第一课时通过换角度看范进这一人物形象,看到范进在封建科举制度下的人格扭曲,体会到封建科举制度对读书人的毒害,重点学习换角度思考以及对比手法的运用;第二课时,再让学生看胡屠户等人在范进中举前和中举后对范进的不同态度的对比,看到社会的世态炎凉、趋炎附势的社会风气。重点学习细节描写和对比手法的运用,体会讽刺艺术。

这篇文章的主旨被我分解为两个部分:封建科举制度对读书人的毒害;世态炎凉、趋炎附势的社会风气。思考在写作中如何体现这一主旨:对比和情节展开过程中的细节呈现的讽刺艺术。

乍一看,由范进这一人物到范进周围的人,由点到面,主旨似乎是逐渐深入的。但是,范进这一形象本身是无法脱离他周围的人而存在的,两个主旨其实是无法分割开来的。应该说,先看胡屠户和周围人对范进的态度的对比,从中读出社会的趋炎附势、热衷功名、世态炎凉。然后,第二课时,再具体看范进这一形象及其疯态,思考他发疯的原因,重点学习细节描写。由一个变态的社会再看这一变态社会中的个体,可能就不用过多地借助先入为主的背景介入来理解范进的丑态了。可以借助小说本身的情节以及社会环境来完成对范进这一形象的体会与深入思考,如此由面及点地以第一课时突破第二课时的教学难点,恐怕才更符合这篇文章的个性。

归根结底,想求新,想求实,想突破,但准备的时间安排不合理,文本解读以及设计之中的一些细节还没有考虑成熟。仅仅是懂了一些东西而已,还没有懂透,还没有化开来成为自己知识的一部分。才知道,纸上得来终觉浅,绝知此事要躬行!

整个《范进中举》的教学实践过程尽管在仓促中失败了,但是它让我深刻地体会到学生学习兴趣调动的重要性;让我体会到必须及早试上,以便给自己留有充分思考与调整的时间;更让我感觉到小说教学尽管有一些共性,但是研究每一篇的个性才是当务之急。只有在实践中摸准了规律,才能得心应手;只有留有时间与空间给自己不断地反刍思考,才能找到问题之所在,体会到教学相长的乐趣。

教学实验的失败并不可怕,我开始害怕的是:曾经,由于能力不够或者人为的忽视,给了学生多少错误的知识或者是错误的认识与思考;以后,还将给学生多少错误的东西误导他们的考试,甚至是误导他们的人生。教学无小事,熟知非真知,除了努力学习探索,别无选择!

14.《背影》教学设计与反思
——经典与我

接到上《背影》的通知之后,第一考虑的是如何紧扣文本,让学生自然地从语言的品味中读出父子亲情。初一学生是刚经历一个多月"初中语文生活"的孩子,他们的学习习惯是记忆与背诵,对于"语言的品味"是没有方向甚至一无所知的,有关人物描写的方法也不甚了解。因此,教学设计应该尽量简单,贴近初一学生的认知水平,否则,这样的经典文章就会变得毫无美感甚至成为教师的"一言堂"了。基本的教学姿态定位好以后,我开始研读文本。

我复印好了《背影》的原文,开始细读文本。没有用教参,更没有用到网络。我所采用的是在读教育硕士时现代文学老师要求的最土的办法:一字一句地读,在每一句的后面写点评。一段读完再写整个这一段的点评,最终形成对整篇文章的解读:作者以朴实的文字展示了父子之间的至爱。这篇文章可教的点很多:衬托铺垫手法、白描手法、明线暗线双线贯穿、朴实却饱含深情的语言、截取法的运用(可以与《我的母亲》联系)、表现角度的独特新颖、真实的内容和真切的情感、文章中详略的安排等。教学的切入点到底放在哪里比较适合初一学生呢?

我决定自己先设计好一份教案再上网查其他的资料,这样可以看到原生态的自我。

设计教案之前,先得考虑地位。一方面是为自己定位,另一方面是琢磨学情与文本。教这篇文章,印象中大部分人都是扣住"四次背影"和"四次流泪"展开的,我之前也是这样做的。既然是公开课,当然得尝试新的切入角度了,如果只是一味地重复以前的方法,教学生活自然就了无生趣。就挑战经典也挑战自己吧! 做一次实验试试看! 即使失败,也会有不一样的收获!

琢磨学情与文本,则考虑到这几周来所看到的学生习作,一个通病就是只会堆砌词语,死板陈述,文字中一点生命的温度都没有。于是,确定以"写真实的内容、表达真切的情感"为教学目标,正好可以结合《背影》第六段和文中其他一些朴实的语言的品味达成这一教学目标。

由此设计出了第一份教案,从第一段和第七段切入,首先"走进那时那地",凸显"特定背景"之下的"背影",层层铺垫,然后在积蓄一定情感之后"聚焦那情那景",自然突破第六段,体会质朴的语言,学习白描手法,通过想象联想体会真实的内容与真切的感情的感染力。这样,既咬文嚼字,扣住文本,又符合学生的逐渐感知、积淀的认知规律。试上之后发现,学生能够跟上教学节奏,但是缺点也是明显的:亦步亦趋,板块设计和字词品味都抠得太细、太琐碎。

深度解读与适度教学

第一次原生态的教学实验之后,我发现了自己的问题:过于细致与琐碎。板块设计得按部就班,容易牵着学生走,而不能放手灵活地跟着学生走。

修改好第一次教学设计之后,开始上网,看看别人的教学设计,期待得到启发。但是,翻了十几份教学设计之后竟没有更多的收获。于是转换角度,继续看文本解读。余映潮老师的"《背影》说课"对文中的语言细节进行了归纳与总结,他因此设计了以"预读—朗读—精读—略读"的以读为手段的教学设想,从多角度体会蕴含在文章中的情感。孙绍振教授提出:从《背影》中也可以看出作者的省略、作者的回避(如有一个材料说,他是在家乡工作了,工资却被爸爸拿去了,而不愉快,才促成了他写这一篇表示忏悔的文章)。从文章中看,写到父亲与他的矛盾,"触他之怒""待我不如往日""我的不好",都含含糊糊,被省略了,被淡化了。从这里可以得到一种启示:文章的好处不但在于它强调了什么,而且在于它省略了什么。这一点对于欣赏有好处,对于写作更有好处。只有知道要省略什么,不写什么才能有自己的个性,才能找到自己,有了自己的特殊感觉和情感,才会知道应该写什么,强化什么,淡化什么。因此,注意不写什么,弱化什么,省略什么,割舍什么。特别是弱化的和回避的,是深刻理解文章的关键。

我于是继续仔细地阅读文章的开头和结尾段,寻找和感受作者所回避和弱化的内容。原来"终于忘却我的不好""待我渐渐不同往日""家庭琐屑往往触他之怒"以及"不相见已二年余了"等文字,处处隐晦地说出了"我们"原先关系很僵,现在一封无助与无奈的家书一下子拨动了作者的心弦,让他回忆起望父买橘时的背影,潸然泪下,因此,"背影"与结尾的两个"惦记"中凝聚着父亲对儿子的宽容与关爱,而结尾的两个"自然"以及"泪光"中更凝聚着儿子对父亲的理解与怜惜。这样我就发现之前我把主题仅仅定位在"父爱子,子爱父"是肤浅的,作者内心对父亲由误解到理解的心路历程才是更重要的。王荣生教授说过:"我们学习散文,是把重点放在散文所描写的对象上呢,还是把重点放在通过对象的描述所抒发的作者的情感上呢?"换句话讲,是看父亲的形象呢,还是看体察父亲的那个人及他的心情呢?于是我准备继续查一查朱自清写这篇文章的背景资料,将对文本的解读先彻底进行下去,然后再来考虑该教哪些内容和怎么教的问题。于是,有关"背影"的资料不断浮出水面:

父亲到车站送儿子的事情发生在1917年,文章写于1927年,是整整十年之后。这期间发生了许多事情:

[资料一]

这年冬天(1917年),因祖母逝世,回扬州奔丧。父亲时任徐州榷运局长。在徐州纳了几房妾。此事被当年从宝应带回淮阴的淮阴籍潘姓姨太太得知,她赶到徐州大闹一场,终至上司怪罪下来,撤了父亲的差。为打发徐州的姨太太,父亲花了许多钱,以至亏空五百元让家里变卖首饰,才算补上窟窿,祖母不堪承受此变故而辞世。

(姜建、吴为公《朱自清年谱》,安徽教育出版社,1996年)

[资料二]

他上北大的第二年(1917年),父亲的差事交卸了,一家大小断了经济来源,从此生计日艰,进而债台高筑。1920年,他从北大毕业,理所当然,他要负担家庭的经济,但是承担多少,承担有没有限度,他个人有没有独立支配经济的自由,在这些问题上他和父亲发生了一次又一次龃龉。1921年暑假,他回到扬州八中任教务主任,父亲凭借与校长的私交,让校长将儿子的每月薪金直接送到家里,而朱自清本人不得支领。这种专制式的家长统治激怒了朱自清。一个月后他愤然离去,到外地执教。父子从此失和,这年冬天他不得不接出妻儿,在杭州组织了小家庭。1922年暑假,他想主动缓解和父亲的矛盾,带着妻儿回扬州,但父亲先是不准他进家门,后则不予理睬。过了几天没趣的日子又悻悻而去。以后父子之间的裂痕越来越深,这就是《毁灭》中所说的"败家的凶残""骨肉间的仇恨"。1923年暑假虽又回家一次,但与父亲的关系仍未好转。

(关坤英《朱自清评传》,燕山出版社,1995)

钱理群先生的《"做"与"不做"之间》再次凸显了《背影》一文的第七段,将主题深刻地定格在"在人世艰难的年代,父子之间曾经有过的深刻的隔膜,终于被天性的爱的力量所消解、融化以后,显示出的父子之爱的伟大与永恒"。这样丰厚而深刻且极具震撼力的"人性"的力量,学生能够体会到吗?初三学生还行,初一学生恐怕不行。但是不管呈现给学生的是哪个层面的教学,作为老师,至少我对文本的解读总算脱离了人云亦云的窠臼。而且,正是由于基于文本,紧扣文本,也才让我更容易体察到作者的心路历程。但是,教师的深度解读只是一个方面,什么样的教学内容适合初一学生呢?还要考虑"适度教学"的问题。

已懂的与未知的

有效的语文课堂不能单靠教师来建构,这里有一个立场问题。教师如果仅仅站在自身立场开展教学,学生的学习是不会发生的。因此,备课时还要时时把握住学生的立场,站在学生的立场上观照自身的教学。

于是,我开始思考《背影》一文,哪些内容是学生不懂的,哪些内容是学生一看就懂得的,而我应该"只教不懂的,不教已懂的",这样才能形成有效教学。如果一味地在学生已知的部分展开教学,再怎么热闹都是肤浅的,对于学生语文能力的提高毫无裨益。

"哪些是学生自己能弄懂的"这一个层面的问题,通过上节课的试上已经明确,学生能够在预习、读一遍课文之后读出"父子深情"这一主题,而且学生很容易就发现文章写了"四次背影"并体会到那次"下铁轨上站台"的描写是重点部分,只是对于"特定背景"之下的背影体会不深,往往忽略细节。

另一方面,学生读不懂或不太懂的是:作者内心的复杂情感。而《背影》一文之所以成为经典,充满着无穷的魅力,恰恰是因为作者写出了内心这种复杂感情和对父爱的独特体验,作者的体验蕴涵着从"有私的父爱"到"无私的父爱"的感受变化的过程,这个变化的过程一方面在文本中通过一些关键语句表现出来,另一方面则潜藏在写作背景中。而学生对这两方面内容的学习均无法靠原有的基础自动完成,这就是学习的困难所在。

于是,我设计了以第七段和第一段为突破口的"理解背影"这一教学环节。引导学生从开头和结尾的字里行间自然地读出父子不合到父亲原谅、宽容儿子的信息,同时帮助学生梳理出儿子最终读懂父亲的感情变化过程。

但是,很遗憾,我的第二次试上以学生的沉闷告终。"教师想教什么"与"实际教了什么"之间仍然是有差距的,这中间的问题就在于课堂上学生的变数,而我偏偏以上一次学生的状况为基准来揣摩第二次试上班级学生的情况,而现实情况是:两个班级的学生差距太大。前一个班级,学生会促进老师的思考,教学相长;后一个班级是连文章都读不通顺的。那么,这样的设计显然更适合第一次试上的班级,而不能用在第二个班级。第二个班级需要的是更浅层的热闹来逐渐调动他们的学习积极性,然后才能考虑所谓的"已知"与"未知"的问题。

这一次试上,虽然只是第二次,可是为了设计一个更适合学生的教案,我已经备了四次不一样的课了,感觉异常疲惫。那天上完课,随手写了点感慨:

挑战自我真是太有趣了,它让人停不下思维的缰绳,只想一个劲地冲刺,直至到达自己想要到达的境界。

可是,当身体发出疲惫的信息,让你抽身出来,以一个旁观者的身份审视那个深陷其中的自我的时候,又不免自我怜惜:何必折腾自己呢?热热闹闹,平平常常地完成一份任务,不就好了嘛!生活,轻松一些!

我退缩了,其实我对自己的情况也是无知的。此刻,完全一团糨糊,不知如何是好。的确,经典可供选择的点太多,反而无所适从。于是打电话给刘春芳老师,她斩钉截铁地说:"大路货,到处都是!上课就是要上出跟别人不一样的地方!坚持自己!"我又问宋老师和我师傅朱老师,她们也觉得要按第二次的来做修改,不能再回到原点。

一个人在自己最脆弱的时候需要支持!既然有了支持,还犹豫什么呢?于是,毫不犹豫地选择继续前进!

教什么比怎么教更重要

试上的失败真是促进人的思考,于是我开始进一步考虑该提供给学生哪些学习的内容,这些内容是否合适。

我也进一步面对自己烦琐的按部就班的教学环节,不断地舍弃,删繁就简,简化步骤,同时,设计更加开放的问题,让学生有更自由的发挥余地。

其实,不管是什么样的学生,初一也好,初二也罢,面对同一文本,我们都应该考虑他们到底有哪些不懂的,然后想办法让他们弄懂。对于《背影》,我觉得父爱学生是能够读出来的,而"读懂父爱"则是难点。难点的突破,我采用朗读与细读。

正如王荣生所说:"散文阅读教学,实质就是建立学生的已有经验与'这一篇'散文所传达的作者独特经验的链接","与这一篇散文所传达的作者独特经验的链接,就是引导学生去感受、体验'作者的独特经验',也就是去感受、体验'这一篇'散文之语句章法所表达着的丰富甚至复杂、细腻甚至细微之处。"因此,我决定"回到散文里",回到"作者的独特经验里",帮助学生梳理作者对父亲的情感变化过程,真正读懂父爱。

最终在吴江上的课,虽然是镇上的学生,但是从他们深情的朗读中我感觉他们进入了课文,基本上读懂了作者的感情变化,读懂了父爱。尽管仍然有一些不大如意的地方,但是比起原来在学校试上的几堂课,我感觉是更加适合学生的。教学形式当然可以更加完善,但是教学内容的选择比教学形式更重要。

基于学生立场的有效教学,该教什么和怎么教,都仍然需要不断的探讨与学习,期待更广泛的讨论与学习。

附：**最终的教学设计**

《背影》教学设计

教学目标：细致地观察，细腻地抒写内心感受。于朴实的语言中，体会父子深情，读懂父爱。

教学重点、难点：细腻地抒写内心感受。

一、导入

同学们，今天，我们共同学习的课文是朱自清先生的叙事散文《背影》！

二、听一听

下面，先请大家静静地听朗读。

三、读一读［感受父亲］

1. 听完朗诵，你对哪一个小节最感动？请再来为我们读一读！

2. 评论家一致认为：朱自清的成功之处在于通过细致的观察，细腻地抒写出内心的感受。

找一找文中的细致观察。从这些细致观察中你读到了什么？［分析对父亲的描写，体会"父爱子"这一层意思。］

3、总结：作者通过细致的观察，描写了人物的外貌、动作等细节，让我们感受到了父爱的温暖。

三、理一理［读懂父爱］

1. 那么作者的内心感受又是什么呢？作者又是如何细腻地表达的呢？

学生自由说，从不理解、厌烦、嘲笑到看到背影时的感动，最后到读到父亲来信时的流泪，体现作者此刻终于读懂了父爱。教师帮助整理出作者的情感态度的变化。

2. 总结：的确如评论家们所说，《背影》的成功之处就在于通过细致的观察细腻地抒写出作者的内心感受。

为什么说是细腻的表达呢？请大家看板书，作者对父亲的感受从不理解到最终的理解与怜惜，这其中是有一个由浅入深逐渐读懂父爱的曲折过程的。［读懂父爱］

其实这篇文章透过背影，不仅让我们读到了父爱的温暖，更主要的是向我们展示了一个儿子在成长的过程中逐渐读懂父爱的过程！希望我们大家早日读懂父爱,学会珍惜亲情!

3. 最后再读读最后一段,体会父爱的温暖与无私以及作者的复杂情感。

四、写一写[当堂练笔或者布置作业]

父爱是父子分别时的千叮万嘱,

是老境颓唐时的殷切期盼,

是艰难处境中的执着坚守,

是矛盾纠结中的主动宽容,

是惨淡家境中的坚强后盾。

15. 耐人寻味的相似与相关
——《蔷薇几度花》教学解读

读丁立梅的《蔷薇几度花》,也像她一样的喜欢上了那丛蔷薇,也欣赏着那蔷薇花般朴实素雅、从容随性生活着的卖灶糖的普通小人物,感叹作者对生活的细致观察与敏锐捕捉的慧心。下面从教学的角度对本文展开解读。

一、教师本身对文本的解读

1. 关于作者

丁立梅,笔名梅子、紫色梅子,江苏东台人。中国散文学会会员、江苏省作家协会会员。擅长散文创作。出版有散文集《且听风吟》《忽然花开》《每一棵草都会开花》。其作品内容主要是作者对现实生活的所感、所悟和所得。字如其人,她的文字清新、平实、隽永,"只一低头,就是一朵花开,一瓣一瓣,在风中舒展,而后,凋落成蝶",这也是她对自身的评价。

2. 关于标题

本文的标题,出自唐代诗人李白的《忆东山二首 其一》

不向东山久,蔷薇几度花。

白云还自散,明月落谁家。

东山是东晋著名政治家谢安曾经隐居的地方。据施宿《会稽志》载:东山位于浙江上虞市西南,山旁有蔷薇洞,相传是谢安游宴的地方;山上有谢安所建的白云、明月二堂。所以,诗里那蔷薇、那白云、那明月,都不是信笔写出的,而是切合东山之景,语带双关。李白的诗就有这样的好处:即使在下笔时要受东山这样一个特定地点的限制,要写出东山的特点和风物,但成诗以后,仍显得极其自然和随意,毫无拘束之态。

李白向往东山,是由于仰慕谢安。这位在淝水之战中吟啸自若、似乎漫不经心地就击败苻坚百万之众于八公山下的传奇式人物,在出仕前就长期隐居东山。当匡扶晋室,建立殊勋,受到昏君和佞臣算计时,又曾一再请退,打算归老东山。所以,在李白看来,东山之隐标志着一种品格,它既表示对于权势禄位无所眷恋,但又不妨在社稷苍生需要的时候出而为世所用。李白向往的东山之隐,和谢安式的从政是相结合的:在陶醉自然、吟咏啸歌之际,并不忘情于政治;而当身居朝廷的时候,又长怀东山之念,保持淡泊的襟怀。李白一生以谢安自期、自比。

本文作者以李白的诗句作为文章的标题,一方面是由于文章本身写的是蔷薇,另外一方面,文中的卖灶糖老人也过着李白所向往的自然随意的生活,为人如蔷薇般地淡泊从容、随性自然。

以上两方面资料的收集,旨在为教师自身的文本解读提供必要的资料保障,不至于离题万里。

3. 关于文体及教学重点难点

本文从文体上来说是一篇散文。王荣生教授说:"我们学习散文,是把重点放在散文所描写的对象上呢,还是把重点放在通过对象的描述所抒发的作者的情感上呢?"他的意思是应该把教学的重点放在通过对象的描述所抒发的作者的情感上。对于本文来说,作者所要抒发的情感是极有层次的:第一层次是作者开头所抒发的"喜欢那丛蔷薇",对于大自然的赠予,"我"尽情地"饱览"它。第二层次是欣赏着"它的点点滴滴",并且打量从蔷薇花旁走过的人,更加欣赏那如蔷薇般不起眼、不张扬但却朴实从容的生活中普通的小人物(挑糖担的老人)。第三层次是我习惯追寻老人的身影,"便养成了习惯,午饭后,我必跑到阳台上去站着,一半为的是看蔷薇,一半为的是等老人的铜锣敲响。当当,当当当——好,来了!等待终于落了地。有时,我也会飞奔下楼,循着他的铜锣声追去,买上五块钱的灶糖,回来慢慢吃"。作者发现这位普通的甚至是残疾的老人"我自轻盈我自香,随性自然,不奢望,不强求"的生活态度,进而追崇赞叹不起眼的小人物一种随性自然的人生状态。

由花及人及人性,由灶糖及生活及生活状态,这是本文的思路。对一种美好的人性的发现、对一种理想的人生状态的赞叹与追寻,这是本文字里行间所自然流露的情感的律动。为什么追寻?因为稀有,因为在物质社会极其难能可贵。这也是本文的教学重点和难点所在。

4. 关于本文的教学内容

如前所述,散文的教学重在通过对象的描述所抒发的作者的情感上。这是课堂的核心所在。

除此之外,本文以花喻人的手法和对比的写法也是值得学习的。以花喻人的手法关键是二者要有相似性,并且不露痕迹地关联起来。花的"起先只是不起眼的一两朵,躲在绿叶间,素素妆"写出了花的特点是不张扬、素雅,而老人"着靛蓝的衣,瘦小,皮肤黑,像从旧画里走出来的人",这其中所透露的朴实与素雅与蔷薇是相似的。花是"不起眼"的,老人也只是生活中普通的一分子;花在自然中的开放是"淡淡笑",同样,文章中也有四处对老人的神态描写:

他不生气,呵呵笑。

我这样一说,老人呵呵笑起来,他敲下两块灶糖给我。

老人一愣,笑看我。

他看一眼,笑。

可见,老人对生活的态度也是"呵呵笑"。而且老人的笑透着纯朴、善良、乐观、满足,这也正是本文中蔷薇的本性。作为贯穿全文的线索,卖糖人的笑能引出不同时代的人们心里的各色情感与回忆。

至于对比,文中至少有以下几处:匆忙的人与从容的人;路过的人与天天来去的人;匆忙的生活状态与从容的生活状态;过去的灶糖主要是给孩子们带来幸福、快乐,现在的灶糖却是给男女老少都带来记忆;老人的外表朴素、残疾与心灵的幸福、满足、美好……

此外,本文清新雅致的语言、卒章显志的构思等,都可以作为教学目标来设置。

二、学情分析与教学方法的选择

初一的学生,多半是在 5 种表达方式都弄不清楚的阶段,感性的认识难以提升到理性认识,但是也是处于能够充分地让心灵浸润感受的阶段、喜欢叽叽喳喳言说的阶段、爱好摇头晃脑地朗读的阶段。因此本文教学内容的选择就应该集中而明确,投其所好而来。只要选择以上所分析的教学内容中的一两点突破就已经足矣。我本人比较偏向把以花喻人作为本堂课的主要教学内容,从花与人的相似与相关中来读作者的情感波动,从作者对花的态度与对人的态度上来读作者对生活的感悟。在教学方法的选择上要重视朗读,各种方式的朗读,既可以进入细腻而感性的文本,触摸到作者的心灵,又容易感动学生的心灵。课堂适宜读读悟悟说说再读读,问题设计不要过多,力求简洁,力避烦琐冗长。

第四章

提炼：凝神驻足，积累提高

1. 为有春风巧得力，枯木也能成绿荫

如今说明文的教学越来越不为人们所重视，听过很多的优质课、展示课、竞赛课，没有一堂课是涉及说明文教学的，因为没有哪个教师愿意第一个吃螃蟹，用说明文教学展示自己的教学风采。我们平时的常规教学活动中，对说明文教学的探讨也是微乎其微的。事实上，初中的说明文教学早已备受冷落，教师教得乏味，学生学得没劲，课堂死气沉沉，毫无课堂生命力的迸发。

为什么说明文教学面临如此尴尬的处境呢？

首先，是由说明文本身的特点决定的：说明文是以说明为主要表达方式的一种文学体裁，要求用准确的语言、适当的说明方法说明对象的特征。相比较于有着曲折情节的小说、有着激烈矛盾冲突的戏剧、有着不同意境的诗歌、有着满腔情感的散文，说明文本身的实用性、科学性丝毫不能引起学生的阅读兴趣。

其次，也是由现代中学生的特点决定的。现代社会的新新人类生活在这个竞争激烈的信息化社会，学习压力大。他们喜欢挑战，做出一道数学题目之后的兴奋远比读一篇说明文更有成就感；他们喜欢猎奇，百花齐放的网络比说明文中的知识更能够满足他们的猎奇心理；他们厌倦枯燥乏味的学校生活，在他们眼中，说明文中的概念太多又很客观，缺少感人的人情人性，无法引起他们的阅读兴趣。有什么比被动地接受他们不感兴趣的知识更让他们头痛的呢？

最后，教师本身也缺乏教好说明文的热情，教法单调死板，缺乏针对性、趣味性和灵活性；学法指导不够，也进一步加剧了说明文教学的尴尬处境。

所以，要使说明文教学也像诗歌、小说、戏剧、散文的教学那样富有生命力，就要从实际情况出发，激发教师的教学热情和学生的学习兴趣。

首先，教师要挖掘教材本身的趣味性和它的潜在价值。教材是落实课程标准、实现教学目标的重要载体，也是教师进行课堂教学的主要依据。每门学科的知识结构都有其自身的系统性和合理性。作为使用者的教师，首先应该深入理解教材，善于把握教材所反映的精神实质，对教材灵活处理，创造与生成新鲜的学习资源，让学生学得开心而扎实。说明文一般平平实实，缺乏形象性。教师上课时，再那么一肢解，抽血去肉，剩下"说明对象、说明对象的特征、说明顺序、说明方法、说明语言"这几块骨头让学生啃，学生当然只能由被动应付变为厌学说明文了。

案例：以苏教版七（下）的第三、第四单元为例来说，这两个单元的主题分别是"建筑艺术"和"动物世界"：巍峨、雄伟、庄严的人民英雄纪念碑，钟山南麓巍巍的中山陵，气势宏伟、金碧辉煌、艺术价值高的法国凡尔赛宫，这些凝固的建筑艺术，就是无声的诗歌，让我们看到了历史的印记，聆听到了先人对真善美追求的心声。而动物，跟人类一样，是地球这个大家庭的成员，漂亮、驯良、乖巧的松鼠，具有音乐天赋的金龟子，憨态可掬、温厚活泼的大熊猫，它们的外形、特点、习性，本身就能激发学生的好奇心，关键是我们不能把这些文章不动脑筋地上成科普讲座课。只有我们教师首先有强烈的创新意识，不照搬书上的东西，挖掘到这些说明文中丰富的知识、无限的情趣，才能有效激发学生进一步思考和研究的兴趣。

其次，教师要充分了解学生，想尽办法激发学生学习说明文的兴趣。兴趣是最好的老师，它能诱发学习动机，强化学习动力。从初中生的心理状态来说，他们的学习活动最容易从兴趣出发，最容易被兴趣所左右，他们的注意力、观察力、思维能力、记忆力都与兴趣紧密相连。学生在兴趣中学习，思维最主动、最活跃，智力和能力发挥最充分。因此，每个教师都要想办法使学生对学习感兴趣，尽量使他们在兴趣中学习，在兴趣中提高。

学生的学习兴趣是在学习实践中形成发展起来的，培养与发展学生的兴趣，也要在学习实践中进行。课堂是学生学习实践的主要场所，教师怎样在课堂有效激发学生学习说明文的兴趣呢？在实践中，我尝试了以下四种激发学生学习说明文兴趣的方法。

1. 以"媒"激趣,尊重学生这一主体

《语文课程标准》明确指出:学生是学习和发展的主体。应当关注学生的个体差异和不同的学习需求,爱护学生的好奇心和求知欲,充分激发学生的主动意识和进取精神,倡导自主、合作、探究的学习方式。

课堂教学一定要体现出尊重学生这一主体的意识。教学目标是需要教师引导、学生主体去达成的。教学重点是需要学生掌握的。

在说明文教学中,生搬硬套、拼命灌输既然已经造成了学生的厌恶情绪,那么如果在教学设计中引导学生心甘情愿、快快乐乐主动探求知识,效果肯定就不一样了。案例:叶永烈的《国宝——大熊猫》一文篇幅很长,学生不喜欢。我收集了一些憨态可掬的熊猫图片,引起了学生极大的兴趣。于是,在学生们"哇!""呀!"地惊叹着的同时,大家也就把目光投向了课文,急于要进一步了解熊猫的方方面面。但是,每个同学想了解的知识又不一样,我再让大家筛选有效信息,选择自己感兴趣的话题,以第一人称介绍熊猫的家族史、明星路等,这样篇幅长的文章就化长为短、化难为易了。在学生们兴致盎然地介绍自己感兴趣的话题时,教学的重点只要教师稍加点拨,学生就能轻松掌握。

可见,课堂教学只要尊重学生这一主体,抓住学生的猎奇心理,就能被学生所认可,就能收到事半功倍的效果。

2. 角色转换,于游戏中学习

"寓教于乐"是青少年教育的一条基本原则,我们每个人的启蒙教育都是从游戏中开始的。喜欢游戏是学生的天性,在课堂中融入适量的游戏能够激发他们的学习兴趣,还可以培养学生的观察能力,并去感受游戏气氛及学习的乐趣。

角色游戏是深受学生喜欢的一种游戏方式,它是想象的世界,是浓缩了的小社会,学生们一会儿进去,一会儿出来,乐此不疲。学生在角色游戏中扮演、模仿各种角色,他们可以在游戏中无拘无束地展示自己的想象活动,可以在游戏中动脑筋,出主意,淋漓尽致地抒发着自己的情感。角色游戏的活动是学生全身心投入的过程,是获得动作、语言、情感、认知、社会性等各方面发展的综合性实践活动。作为教师,我们要精心地为我们的学生设计及组织适合其能力和兴趣的游戏,让他们从中获得知识,发展智力。

案例:布丰的《松鼠》,作者主要按由外在到内在的逻辑顺序,用拟人的手

法人格化地描写说明松鼠漂亮、驯良、乖巧这三个特点,语言准确生动,观察很是细致。为了让学生不仅仅满足于识记基本知识,而能够深入地感受到松鼠的漂亮、驯良、乖巧的特点,以及作者布丰细致的观察及生动形象的说明文语言,在学生自由朗读、整体把握文章结构之后,我设计了一个角色转换的游戏:"假如你是一只可爱的小松鼠,你将如何向自己的同伴介绍自己的这三个特点,让你的同伴接受你并且喜欢你?"一石激起千层浪,学生马上异常活跃且兴奋起来,我让他们先在小组中出谋划策,结合文章内容理清介绍的顺序,再配上可爱的表演动作和人格化的语言表演。经过一两分钟的准备,一只只"我们松鼠……"相继登台亮相,有个学生在介绍松鼠驯良的特点时,还指着教室外面一座很高的建筑塔说:"大家看,我们松鼠就生活在比那座塔还高的树上面,只有树被风刮得太厉害了,才到地上来。"学生在实践中还学会了作比较的说明方法。这超过了我预期的教学目标。这也让我明白,学生学习兴趣的保持与课堂组织方式关系紧密。

3. 挑战权威,于体验中学习

科学知识本身是严肃的,可表达的方式是可以多样化的。刘勰云:"夫缀文者情动而辞发,观文者披文以入情。"文学作品载负着作者与读者之间的双向情感交流。在课堂教学中,教师要善于向学生提供各种情境,让学生在亲身实践中获得体验。恰当地创设教学情境,让学生与作者对话,让他们在主动参与展示自己才华的过程中获得真实的情感体验,能够激发并保持学生学习的积极性。

案例:中学生思维活跃,喜欢去尝试新鲜且有挑战性的活动,他们爱在挑战与尝试中体验生活。于是,在学习说明文《松树金龟子》时,我给他们提供了一个挑战权威的实践舞台。在阅读了全文之后,我并不急于落实有关这篇说明文的基础知识,而是极力介绍法布尔的卓越以及他以毕生精力写出的《昆虫世界》这本"科学与诗的完美结合"的专著,激起学生对法布尔的崇拜以及想要更多地了解法布尔的愿望。于是,我趁机说:"这篇文章的作者法布尔被称为是一位'难以效法的观察家',今天老师给大家提供一次挑战权威的机会,请你以法布尔的身份把你观察松树金龟子时候的所见所闻告诉大家。当然,你只需效法他的某一个发现。"

于是有关松树金龟子的外形特征、生活习性、婚恋生活、唱歌发音原理、死亡与繁衍等一系列的情况都在一个个小组同学的合力挑战中清晰地展示出来。在挑战中,为了使自己模仿得像法布尔,甚至超越法布尔,学生们深刻地体验到了细致的观察、科学的态度的重要性,在体验中,也激发了大家热爱昆虫的感情,而这样一种人文关怀的体会,对生命的关爱之情,在刻板的说教中是难以见成效的。

4. 引入竞争机制,创设实践氛围

成就感是一个人保持对于某一活动的兴趣的原动力。知识竞赛之所以使人趋之若鹜,并不是它的奖励让人眼红,而是人们愿意得到一种肯定自己知识和能力的喜悦,这种情况就是成功激励兴趣的典型例子。为此,在教学中采用竞赛的形式也是激发兴趣的手段之一。如在课堂上经常开展一些改错比赛、编题比赛等,对于获胜者给予表扬,对于失败者给予鼓励。当然在开展这些活动的过程中要注意学生能力水平的差异,比赛要分层次进行,让每个学生都有获胜机会,使他们在成功的喜悦中建立起更强的自信心。这样才有利于发挥评价的激发功能和鼓励功能,巩固学生的学习兴趣。

案例:《凡尔赛宫》是苏教版七(下)"建筑艺术"单元中的一篇略读课文,本文说明了凡尔赛宫的建筑特色、艺术风格及其政治文化中心、旅游胜地的地位,突出表现了凡尔赛宫艺术价值高的特点。在学习了《人民英雄永垂不朽》和《巍巍中山陵》之后,这篇文章相对地比较好掌握。于是,我这样导入:"接触了这么久的说明文,我们到底掌握了多少有关说明文的知识呢?具体地能灵活运用多少理论知识呢?今天,就让我们尝试着试试大家各自修行的深浅!"于是,我把全班分成七组,各组推选本组组长,以小组为单位,展开知识竞赛。我事先根据课文内容,按自然段每段出了几道题目,预备好了七组必答题,学生抽签决定答题的题号。按规定,当必答的小组回答错误时,其他小组可以抢答,回答正确者加相应的分数。第二轮是各组出题答题竞赛,第三轮是抢答。最后按总分评选出第一、二、三名,给予奖励。这极大地激发了学生的学习兴趣。整个一堂课,他们一直积极地思考、抢答,下课铃声响了,还要求再给予抢答的机会,一定要一决雌雄!

说明文以对事物的理性说明为主,它相对地弱化了形象的描绘和情感的表达。中学生正处在形象思维向逻辑思维转变的时期,如果教师在教学中想尽办法给学生提供参与实践的情境,让他们在形象和理性互补的过程中增添感觉上的兴趣,更好地实现思维形式的转变,那么说明文学习也能使他们兴致盎然,并且学习效果扎实而有效!

2. 初中语文教学逐渐接近并满足学生学习兴趣的实践操作

学生语文学习过程是其语文能力和倾向变化的过程。在这个过程中,多种因素会对学习产生影响。对学生个体而言,这些制约因素可以分为两大类:内部因素和外部因素。内部因素是指认知和情感社会因素。外部因素包括教材、教师、班集体、社会阶层和文化背景等。当代外国学习理论在突出人的价值的同时,主张人的学习是内部因素和外部因素交互作用的产物,两者缺一不可。

作为语文教师,如何抓住学生心理,激发学生学习语文的动机,培养学生的阅读兴趣,提升学习自信心,让学生以积极、健康的心态面对语文学习,是笔者这几年探索的问题。笔者认为,在我们有限的三尺讲台,尽管我们语文教师无法掌控社会的风云变化等外部因素,应试之风恐怕暂时无法祛除,但是我们还是可以让初中语文教学逐渐接近并满足学生的学习兴趣,让学生内心不再排斥语文,而逐渐喜欢上语文。

下面,笔者将从备课前、备课时、课堂教学中和课后语文实践活动这四个方面,阐述在实际的语文教学工作中如何让初中语文教学逐渐接近并满足学生语文学习的兴趣。

一、备课前考虑学生心理

从初中生的心理状态来说,他们的学习活动最容易从兴趣出发,最容易被兴趣所引领,他们的注意力、观察力、思维能力、记忆力都与兴趣紧密相连。教师要充分地了解学生,根据学生在不同年龄阶段的不同学习心理,制定不同的教学方案,想尽办法激发学生学习的兴趣。

初一学生处于小学向中学转型的阶段,很多学生都还在以小学的思维方式来看待中学的学习。对于语文的学习,他们喜欢简单的读读背背,喜欢高声争辩竞争。因此,初一上学期老师应该多设计一些朗读和背诵比赛。语文课堂上不适合大量的分析与灌输,而应该放慢脚步地让学生说说聊聊,让学生逐渐适应初中的语文学习,逐渐了解初中语文与小学语文的区别,让他们逐渐感觉到初中语文的要求稍微高了一些。而不要一上来就用一些中考题似的提问把学生弄得晕乎乎的,一下子就把他们吓坏了,从而产生畏难心理,失去学习兴趣。

学生在兴趣中学习,思维最主动、最活跃,智力和能力发挥最充分。在适应了初中语文的变化之后,初一下学期,老师在备课中就可以逐渐多设计一些阅读活动,打开学生阅读的视野,奠定他们日后发展的基础。笔者所带的班级一般都会开展"我读《世说新语》"或"我读自己喜欢的散文"或"我读自己喜欢的小说"等活动,让学生感受到阅读的乐趣与收获,并且把阅读的触角伸向每一个同学,让大家彼此互相影响,互相带动,养成阅读的习惯。

初二年级的学生,心理成熟了一些,他们开始在思索中走向叛逆,并且有一些学生听不进师长的一些建议与劝导。这一时期,备课前要针对学生的这种敏感心理,考虑利用某些课文本身的文本内容,润物细无声地引导学生走进文本,找到自我。例如《甜甜的泥土》一文的教学,老师可以考虑让学生体会小亮和母亲的心境,悄无声息地引导大家了解单亲家庭的孩子和他们的家庭,让大家的心灵更加包容;又例如《背影》一文的教学,备课前老师可以考虑设计联系青春期学生的逆反心理,让学生在朗读与探究中理解父辈,懂得珍惜幸福。当学生真正在朗读与咬文嚼字中学会了体悟对方,也就逐渐感觉到了文字的魅力,感觉到了语文学习的快乐。

初三年级的语文学习,应试的氛围明显加浓,学生学习的功利性目标非常明确。备课前,就要考虑教学课文的过程中要紧密结合中考试题,帮助学生增强应试技巧训练,从而提高课堂效率。看着自己语文试卷上的分数不断提高,学生语文学习的动力就会逐步加强。

二、备课时将文本个性与学生心理特点巧妙结合

教师要挖掘教材本身的特点和它的潜在价值,思考"教什么"才适合学生。因为,教学的切入点太高,学生跟不上,久而久之,严重挫伤学生的学习积极性;教学的切入点太低,老师的提问学生不用动脑就能随口接话,学习流于表面的热闹而没有实质性的收获,师生满足于浅层的肤浅阅读,课堂气氛很好,而课堂

实效缺乏,久而久之,学生思维得不到训练,阅读能力得不到提升,日积月累,也会挫伤语文学习的兴趣。

只有深入理解教材,善于把握教材所反映的精神实质,对教材灵活处理,创造与生成新鲜的适合学生心理特点的学习资源,才能让学生学得开心而扎实。

比如,叶永烈的《国宝——大熊猫》一文,篇幅很长,又是说明文,学生不喜欢。笔者研究教材,首先觉得不能只按照"说明对象、说明对象的特征、说明顺序、说明方法、说明语言"这样肢解文本的方式进一步恶化学生的学习状态。那么,该如何引起学生学习的兴趣呢?笔者根据初中生感性认识丰富的特点,收集了一些憨态可掬的熊猫图片,投其所好,果然引起了学生极大的兴趣。谁不会为美好的事物所倾倒呢?于是,在"哇!""呀!"惊叹着的同时,大家也就把目光投向了课文,急于要进一步了解熊猫的方方面面。但是,每个同学想了解的知识又不一样,笔者设计再让大家筛选有效信息,选择自己感兴趣的话题,以第一人称介绍熊猫的家族史、明星路等,这样,篇幅长的文章就化大为小、化难为易了。在学生兴致盎然地介绍自己感兴趣的话题时,教学的重点只要教师稍加点拨,学生就能轻松掌握。

可见,备课时如果老师尊重学生这一主体,抓住学生的心理特点,将文本个性与学生心理特点巧妙结合,就能引导学生心甘情愿、快快乐乐主动探求知识,收到事半功倍的效果。

学生的学习兴趣是在学习实践中形成发展起来的,培养与发展学生的兴趣也要在学习实践中进行。课堂是学生学习实践的主要场所。课堂教学中营造教学氛围,也是满足学生学习兴趣必不可少的环节。

三、课堂教学中营造良好的教学氛围

课堂教学中营造良好的教学氛围,需要做到以学生为主体,尊重学生思维及心理轨迹,鼓励学生积极思考、平等交流,让学生体会到自主思考的成就感以及自由交流的喜悦。

苏州市教科院主任傅嘉德老师上的展示课《药》,用一节课探究小说的意蕴,大刀阔斧地过滤选择4500字的文本,傅老师精心选择了文章中的三个片段,涵盖了形形色色的看客——群众、刽子手,还有自己的亲人。整个一堂课,或提问,或想象,或理解,或体验,都具体而充实地让学生深入字里行间去感受、

体会革命者的悲哀。在平等交流的对话中,学生和老师都进入了当时的情境思考和体味着当时社会的悲哀! 在课的结尾,傅老师还提供了有关《药》的多种主旨的理解,扩大了课堂的外延,也更深地挖掘了《药》的意蕴,让大家带着思索走出课堂。傅老师的课,简洁到没有一句废话,但是又启迪着学生的思考。这种对话与思考是贯穿于整个一堂课的,课堂中师生平等交流对话的姿态让人感觉特别舒服。

笔者认为,课堂上教师虽然是主导,但是并不意味着霸道,教师教学姿态的随和亲切,可以营造一种宽松自由的课堂言说环境,这样更加有利于打开学生的话匣子,满足学生的交流言说兴趣。另外,良好的课堂教学环境,最主要的是要做到允许学生犯错,也鼓励学生不断地犯错。只有在不怕犯错的环境中,学生才能畅所欲言,创造力和想象力才能发挥得淋漓尽致。

四、课后语文实践活动进一步满足学生的阅读兴趣

苏霍姆林斯基认为,把每一个学生都领进书籍的世界,培养起对书的酷爱,使书籍成为智力生活中的指路明星——这些都取决于教师,取决于书籍在教师本人的精神生活中占有何种地位。教师既要重教书,也要重读书。要让学生热爱读书,教师首先要爱读书。语文教师不仅要读经典作品,还要多接触少儿报刊、图书等,根据学生的胃口推荐适合他们阅读的报纸杂志,把适合学生阅读的书籍带进教室,供学生传阅。

课外阅读是课堂教学的延伸和发展。但是,光一遍又一遍地死读,只能让学生感到乏味、疲劳。引导应该巧妙,醉翁之意不在酒,旨在"哄"他们读好书。

(一)在听说中促进课外阅读的兴致

笔者坚持每节课都用课前的5—10分钟做听说训练,让学生轮流上台,交流课余阅读中搜集的语言材料,让大家或说一则新闻,或讲一件趣事,或背一首古诗,或读一段好词佳句。学生彼此交流多了,词汇丰富了,互相比较之中,课外阅读的兴致也逐渐加浓。

(二)在练习中增强阅读动力

组织学生3—5人一组自办手抄小报活动,深受学生的喜爱。手抄小报的内容广泛,有国家大事、校园生活、环保教育、科学世界等。学生根据需求独立命题、编辑材料、设计版面,并配以彩色插图。如围绕"我爱文学"这一内容,学

生就办出了《文学华章》《灵动飞翔》等小报,在这种练习与操作之中,学生有了进一步阅读的动力。

(三)在比赛中加强阅读的兴趣

笔者利用节日举办故事会、诗歌朗诵会、手抄报比赛活动,有时还进行快速阅读比赛、读书报告会等,使学生在活动中体会到课外阅读的乐趣,体验到成功的喜悦。课外阅读的坚持与循序渐渐的积累,让学生逐渐感觉到与语言文字接触的快乐,从而让学生养成持久阅读的习惯。

综上所述,初中语文教学逐渐接近并满足学生语文学习的兴趣,需要突出语文味,突显文本个性,更需要尊重学生的个体差异,把握学生不同年龄阶段的心理特点,坚持学生立场。让学生在适当的语文实践活动中逐渐感觉到语言文字的魅力,逐渐产生学习语文的兴趣,从而慢慢地喜欢上语文,并真正把语文当作人文素养提高的工具。祝愿在我们的共同努力下,学生在语文学习之路上走得更开心、更长远!

3. 在常态课中加强朗读教学,提高课堂实效

这些年来,随着课程改革的推进,阅读教学让学生自己来"说"的局面逐渐打开,"讨论法"成为老师们课堂上经常使用的教学方法。同时,原先时常可以听到的琅琅书声,也逐渐少了。除了在示范课、观摩课上还可以经常听到读书的声音,在我们的常态课上,朗读的训练越来越少,朗读的声音越来越小,朗读的质量也越来越低。在有些学校,甚至早读课都变成了老师讲解习题的战场。

众所周知,朗读教学是我国语文教学的传统方法。它不仅能提高学生的阅读兴趣,从而推动阅读活动的深入开展,还能培养语感,加深对课文内容的理解,发展语言,提高口头表达能力。然而,这些年来,朗读怎么会逐渐淡出我们常态的语文课堂的呢?

第一,升学率的制约。教育改革的春风吹了一轮又一轮,但吹到现在,新课程的评价体系仍然离不开一考定终身的模式。教学的一切活动都围着考试的指挥棒转,考试考什么,教师教什么,学生学什么。从多年的中考、高考看,对朗

读的考查很少,一般只在文言文阅读时考查一下基本的断句问题。结果是教师将大量的时间和精力投入到讲练中去,而学生仍然不会读书。

第二,教师本身的认识问题。有的教师以为课堂上让学生天马行空地"说"了,学生与文本的"对话"就是成功的了;也有的教师以讲"效率"为名,学生"说"不到的地方,生怕自己没有讲到、没有讲透,课堂上大量灌输,哪里还肯让朗读占用宝贵的45分钟?对学生的读,也多要求采用默读和浏览的形式,而且只是简单地要求学生熟悉一下文本而已,这样就更加削弱了朗读教学。他们错误地认为,学生只要会认课文中的生字、生词了,就会念书了,而对于朗读的诸种功能缺乏足够的认识,相反,却对课堂"对话"、课堂练习和课堂问答情有独钟,弄得语文课堂像数理化课堂一样,除了讲述讨论,就是大量的练习与问答。学生缺乏对语言文字的直接感知与体悟,阅读教学仍然是低效的。

那么,怎么改变这样的局面呢?

第一,对朗读教学要有足够的认识,认识到朗读对于阅读教学的重要性。在阅读教学中,朗读有助于提高学生的阅读兴趣,从而推动阅读活动的深入开展。

朗读即运用普通话把书面语言清晰、响亮、富有感情地读出来,变"文字"这种视觉形象为听觉形象。朗读需要创造性地还原语气,使无声的书面语言变成活生生的有声的口头语言。它绝不仅仅是简单的记背与默写。《语文课程标准》要求学生在朗读中"感受语言的优美"。余映潮老师就曾说过:"汉字有四声之别,因此就有声调之抑扬,非朗读不足以体会到文章的铿锵之声,音乐之美。汉语重声韵之连绵,因此词语便有双声、叠韵、全重叠、交错重叠等组合形式,非朗读不足以表达其音韵之美。汉语讲究节奏与对称及声韵调的组配,由此而产生特有的节律之美,非朗读不足以感受到其朗朗上口、悦耳动人的魅力。"学生在朗读中感受到了文章的"铿锵之声""音韵之美""节律之美",深入阅读文章的兴趣不就大大提高了吗?有了阅读兴趣,接下来,听、说、读、写的语文实践活动就好开展了。

《为你打开一扇门》是一篇比较抽象的文章,对初一学生谈"文学"的本质特征及其功能,有点不太切合他们的年龄特征。第一课时,我找出《致文学》,先示范朗诵,然后让学生也低声吟诵,再大声朗读,感受文学的美好。第二课时才结合具体的文学作品,由感性上升到理性的认知,具体地探讨文学的功能。

这样,化深奥为具体形象的感知,在浅唱低吟中激发了学生对文学的兴趣,也增加了他们的语言感知材料。

顺势而下,学《繁星》一文时,我为了创设更好的情境吸引学生,配上了优美的音乐朗诵,这时我发现,在音乐的怀抱中,加上普通话本身的韵律,学生在听朗读的过程中就已经在积累语言材料,而他们自己练习朗读,就更进一步地走进了语言文字的天堂。学《往事依依》时,我安排了"《千家诗》诗歌集萃背诵大赛",同学们你争我抢,将课堂推向了高潮。

"书读百遍,其义自见""熟读唐诗三百首,不会写诗也会吟""旧书不厌百回读,熟读深思子自知"等耳熟能详挪地有声的经典名言都体现了朗读对于语文学习的重要性。从孔夫子到陶行知,几千年来,他们都很重视让学生认真朗读范文。在这朗读的过程中,渐渐进入诗文所创造的意境,从而发掘知识瑰宝,受到审美教育,陶冶情操,提高鉴赏能力。

如苏轼的《水调歌头 中秋》,全词运用形象的描绘和浪漫主义的想象,紧紧围绕中秋之月展开描写、抒情和议论,从天上与人间、月与人、空间与时间这些相联系的范畴进行思考,把自己对兄弟的感情升华到探索人生观的哲理高度,表达了作者乐观旷达的人生态度和对生活的美好祝愿及无限热爱。如果逐词逐句翻译赏析的话,教师要讲解分析两节课,学生还不一定理解苏轼的旷达洒脱之情。我在简单地介绍苏轼及写作背景后,播放中国名族音乐配乐的诵读《水调歌头 中秋》。学生听着那演绎得淋漓尽致的诵读,感受到苏轼那超然物外、乐观旷达的情怀,顿生一种跃跃欲试之心,很多学生已经不自觉地小声跟读起来。听完诵读之后,我就乘势而上,布置学生高声自由诵读,充分体味作者的情感。通过这遍诵读,调动情绪并把握情感的目的就这样悄然达成。在诵读感受的基础上再细品语言,学生就有了言说的冲动、表达的欲望。

可见,要提高语文课堂教学的有效性,离不开传统的朗读教学,离不开对学生朗读能力的培养。尽管阅读教学的方法还有很多,朗读不是万能的,但是,朗读绝不能"被简单的处置而不恰当地做成记背、默写"。

第二,教师要加强专业性的学习和反思。

首先,"要通晓关于朗读教学方面的基本知识;有较强的朗读水平;要熟悉朗读教学的基本方法。"只有这样,才能给学生做好示范朗读并且做好朗读指导,真正将朗读教学落到实处。

朗读是一种技巧,它需要经过有意识的训练,达到一定的要求,才能传情达意,发挥它的重要作用。如果诵读之中"滋味索然,仅得其声音、得其字行,算哪门子'诵读'?"

因此,教师要向学生讲解朗读的一般要求——速度、重音、停顿和语调方面的知识,让学生在朗读训练中有法可依、有章可循。有的教师把朗读当作课堂教学的一种简单过渡,学生朗读课文时,教师忙着板书或自己思考着下一个教学步骤,对于学生的朗读情况自然就无法做到心中有数了。久而久之,让朗读成了凑时间的替代品或者为了丰富教学方法而偶尔采用的一种点缀。

同时,教师要努力提高自身的朗读水平,注意用示范朗读为学生树立朗读的标准和榜样。好的范读是最好的朗读指导,它对培养学生的兴趣、形成班级的朗读风气作用很大。同时也可以适当利用多媒体教学,让学生听名家的录音模仿朗读。在学生朗读中,发现问题要及时指正。

其次,要合理选取朗读的方式。朗读方式可分为单独读、分组读、齐声朗读和分角色朗读等。如需要起示范作用或检查时采用单独朗读;如遇到课文中精彩段落可采用分组读或全班齐声朗读;若课文中有鲜明的人物对话则多采用分角色朗读。教学中,根据不同文章的不同特点,可以有选择、有针对性地进行朗读;读诗歌、散文应当适当安排个别读,边抑扬顿挫地朗读边想象诗文的意境;读戏剧,可以把学生分成几组,进行分角色朗读;读小说,则适合部分朗读,读出不同人物不同的性格、不同的语气语调,体悟不同艺术形象的魅力。

朗读方式的更新有助于品出作品的美感。

如高尔基的《海燕》,这是一首色彩鲜明的抒情散文诗,又是一幅富有音乐旋律和流动感的画。"让暴风雨来得更猛烈些吧!"掷地有声,这是海燕的战斗宣言,体现出一种豪情与力量之美。这样的朗读,可以让班级中感情饱满的男生来演绎。而海鸥的"呻吟、飞蹿、恐惧、掩藏",海鸭的"呻吟、吓坏",企鹅的"胆怯、躲藏"与海燕的"高傲的飞翔、欢乐的叫喊",则可以采用对比朗读,突出海燕的英勇乐观之美。同时,集体朗读写大海、风、云、雷、电的文字,则渲染了一种激烈的斗争环境,烘托出海燕形象的高大之美。分层次、变换形式的朗读,可以感受到作者抑恶扬善、爱憎分明的情感态度,感悟到海燕穿越时空的壮美的艺术形象。

最后,还要有计划地选择时机进行朗读。一般而言,自由读、个别读可以放在文本解读之前,以此来强调对文本的整体感知,而全班朗读则应该放在文本解读之后,通过朗读将感情的抒发推向高潮,让理性认识得以深入。

总之,朗读是借助语音形式生动、形象地表达作品思想感情的语言活动,是一项十分复杂的语言艺术,也是一种最基本的不可废弃的教学手段。在我们的常态课中,我们可以在不同学段针对不同篇目有所侧重地选讲有关知识,训练有关技能,以逐步提高学生的朗读水平,提高课堂教学效果。

4. 浅谈小说教学内容的取舍
——以同题异构《社戏》的课堂教学为例

阅读教学如何确立教学内容,如何保证所确立的教学内容的科学性,这是我们一线教师一直都在思考的问题。笔者以同题异构《社戏》的课堂教学为例,粗浅地谈谈小说教学内容的取舍问题。

一、比较

《社戏》是苏教版初中语文七年级上册第三单元"民俗风情"中的第一篇课文。这篇小说是鲁迅笔下为数不多饱含温情的作品之一。

看过原作的人都知道,《社戏》是原作描述的第三次看戏的经历,表现了对童年自由快乐生活的美好回忆和留恋之情。本文塑造了以双喜为代表的一群淳朴、可爱、活泼的农村孩子和以六一公公为代表的一批热情厚道的农村老人,他们的淳朴善良可以作为本文的教学内容之一。另外,本文的情节一波三折,景物描写极具特色,情景交融的画面充满了水乡特色。鲁迅高超的写作技法,更增加了景物描写的魅力。这两处也可以作为教学内容处理。此外,文章的结尾,"真的,一直到现在,我实在再没有吃到那夜似的好豆,——也不再看到那夜似的好戏了"。末尾一句勾起了读者对美好童年的追忆,也透露了作者现实中无法拥有自由的遗憾,拨动了读者的心弦。结尾是诱导人们"回望"那远去的缥缈的戏台,回望人生中这种"永远失落的美"。以对结尾的质疑与品味拎起对全篇的解读,也是不错的教学内容。

这样一篇经典的文章,该教些什么呢?下面是笔者听到的两位老师上的《社戏》这一课。

第一位老师上课的内容是这样的:

①以检查预习的形式,既让学生了解了本文曲折的情节、起伏的心理,又很自然地帮助学生整体感知了文本,自然过渡到了学习鲁迅先生在写作上值得我们学习的地方,对月夜行船部分景物描写(10—13小节)的赏析,进入了文本细读。形式比较新颖!

②在细读10—13小节的景物描写的时候,重在引导学生感受作者精准的动词的使用、从各个感官感受多角度写景以及比喻、拟人等修辞手法的使用等。

③之后,又以"看戏又怎样呢?"很自然地引导学生关注到文章17—21小节,感受写社戏乏味的那些文字,解决了正面描写和侧面描写的问题。

④戏不好看,那么,又如何理解结尾"真的,一直到现在,我实在再没有吃到那夜似的好豆,也不再看到那夜似的好戏了"?学生的回答是"由于留恋朋友",由此顺势进入人物形象的分析,感受人情美。

⑤分析好人物形象之后,又问"哪里的山山水水孕育了这样一群可爱的人?"引出"平桥村",教师追问"平桥村为什么是我的乐土?"学生回答"优待""自由",教师师继续追问"这样的氛围归功于什么?"总结出归功于人、归功于平桥村的风景美和人情美。

这份教学设计,抓住10—13小节的景物描写赏析美好景物中人物的心情起伏,抓住17—21小节的正侧面写看社戏的文字感受戏的乏味,抓住文章中多处对双喜、阿发和六一公公的语言和动作描写来感受这里的人情美,最后,集中突破对结尾段语句的理解。前面的三处选读其实都是为结尾主旨的理解作铺垫的,但是整个课堂听下来,尽管环节之间过渡自然,各个环节之间仍有一种割裂感,显得目标杂糅,似乎人物、情节、环境一堂课都涉及了,又似乎都是蜻蜓点水,没有灵魂的统摄。这位老师在小说教学内容的取舍方面有所舍弃,但是舍弃得还不够。

同样是《社戏》的教学,第二位老师的上课内容是这样的:

①首先熟悉平桥村的环境:小且偏僻。

②接着,抛出主问题:如此不起眼的地方——平桥村,为什么是"我"的乐土?学生抓到第一节的两点:优待与可以不读拗口的书的快乐生活。

143

③分析"我"得到的"优待":看戏前得到的优待很快解决,但是看戏过程中的"优待"则显得拖沓了;感受六一公公、八公公、阿发娘对"我"的"优待"。

④从这些"优待"中看出了平桥村村民怎样的性格?小结为什么平桥村是"我"的"乐土"。

⑤齐读最后一段,体会表达的主题和情感。

⑥总结,小说的特点:人物、情节、环境。

第二位老师对于本文的教学内容则选取以文本的人情美作为突破口,想要体会平桥村为什么是"我"的"乐土",在此基础上解决最后一段对本文主旨的理解。相对于第一位老师的课来说,后者的课更简洁一些,但是又过于简洁,舍弃得太多了。以至于学生只是接触到一个偏僻地方的一群可爱的人而已,却根本体会不到这一"夜"是多么的欢乐与自由!景物中的人情美,都被舍弃了!

二、发现

传统的小说教学一般是围绕理清故事情节、分析人物形象、揭示小说主题等步骤展开的,而两位老师的课都避免了传统的路线,都有所取舍,因此都是对小说教学的一种大胆尝试与探索,给了我们很多有益的启示。

两位老师为什么一位舍弃得不够,使得课堂目标不够明确,另一位舍弃得过多,使得课堂目标得不到突破呢?关键问题是对文本的解读没有真正到位。所以,第一位教师没有充分地与学生体会景物之中和动作之中的人物的心情,而把重点放在了作者是怎么写景的,把着力点放在用了哪些准确的动词、哪些感官、哪些修辞手法上面;可能也是为了突出"语文味",而在"怎么写的"上面花大功夫,可是为了教写作方法而教的处理方式,一次又一次地割裂了学生的整体感知,让学生根本无法"入情入境",语文课没有人文性的体味感受,只剩下工具性的骨架,又进入了另外一种尴尬。第二位老师则光顾着引导学生看"我"得到哪些"优待",读出村民怎样的性格,而没有顾及作者是如何写出这种"优待"的,更没有顾及这一夜的"我"是多么的欢乐与自由。学生感受不到"我"的欢乐与自由,是无法理解最后一段的主旨的。两位老师其实都重视了"语文味",也都重视了最后一段,都抓住了"乐土",但是都没有深入细致地展开,所以课堂上师生之间的交流显得不是很流畅。

可见,文本解读是阅读教学的根本和关键。课堂设计与课堂交流方向的调整都是基于教师在对文本进行解读之后对教学内容的取舍。

三、启智：抓"重要的地方"，确立一类文本的教学内容

王荣生先生曾提出："阅读是一种文体思维，阅读教学实际上要做两方面的工作：指导学生抱着合适的目的去看待特定文本；指导学生在特定体式的文本里，能从重要的地方看出所传达的意思和意味来。"前者就是指导学生读懂这一篇，后者则是在指导学生读懂这一类文本。在指导学生读懂一类文本方面，以《社戏》的教学内容取舍来说，可以学习两位上课老师的方法，不拘泥于传统的三要素理论，而选择对于这一篇文本来说"重要的地方"作为突破口。以一个主问题突破对全文的理解（"乐土"与最后一段），在理解的过程中具体地揣摩语言的运用之妙，具体到上课过程中则需要处理好"工具性"与"人文性"的关系，不能顾此失彼。

其实，"重要的地方"也许往往看上去并不重要，看上去重要的地方往往不一定是最重要的地方。我们要找寻那些看似不起眼，却对解读一类文本相当重要的信息，找到这些信息，就是交给了学生读懂一类文章的"密码"。鲁迅的《社戏》是初中语文的经典篇目，单纯讲一篇《社戏》，带领学生领略其淳朴的农村人物和清新自然的水乡风景之美可以作为教学内容。但是，如果抓住《社戏》被作家编入小说集《呐喊》这一"重要的地方"，以此为突破口就能帮助学生读懂鲁迅小说里其实有两类人，一类来自鲁迅心目中理想的故乡：

我有一时，曾经屡次忆起儿时在故乡所吃的蔬菜：菱角，罗汉豆，茭白，香瓜。凡这些，都是极其鲜美可口的；都曾是使人思乡的蛊惑。后来，我在久别之后尝到了，也不过如此；唯独在记忆上，还有旧来的意味留存。他们也许要哄骗我一生，使我时时反顾。

——鲁迅《朝花夕拾 小引》

另一类来自鲁迅生活中现实的故乡，他们组成了鲁迅小说的人物画卷，撑起了鲁迅对故乡既恨且爱的复杂情感。找寻到这些"重要的地方"可以帮助教师从一个比较小的视角引导学生读懂、读深经典。

可见，小说教学内容具体如何取舍，不必拘泥于三要素，而要把文本吃透，找到文本的特色与核心，然后围绕教学目标中的"重要地方"展开。总之，不论如何舍弃与选择，就像两位老师所做的一样，本堂课最核心的东西不能扔掉！

5. 从学生中来,到学生中去

——从《朦胧的敬慕》教学案例引发的思考

《朦胧的敬慕》是萧乾先生为了悼念鲁迅先生而写的。文章通过写孩子对伟人模糊的敬仰来赞美鲁迅先生伟大的人格力量。

这是一篇悼念伟人的文章,作者却并没有直接抒发自己内心对鲁迅先生的怀念之情,而是从一个微跛的孩子的视角来表达自己的感情。构思巧妙,视角独特,这是本文的特色所在。

文中通过三个事例来表现对"伟人"的"朦胧的敬慕":微跛的小孩吊唁鲁迅先生;"我"瞻仰"民国缔造者"孙中山先生的遗体;"我"珍藏有关孙中山先生的资料。写这三件事情的时候,作者对人物的语言、动作、神态、心理等做了细致的描写,突出了"敬慕"之"朦胧"。细节描写和铺垫衬托的手法,也是本文的亮点之一。

面对初一学生,对教学内容的处理是见仁见智的过程。听了几节课,个人觉得都非常精彩,其中,教研室宋静娴老师的课尤其给人以思考与启迪。

宋老师的教学过程是这样的:首先,交流大家的预习情况。通过预习,发现学生们对文本的把握情况:几乎所有人都认为这篇文章的语言优美,写得很好!接着,出示了三位同学对文章的词语使用、修辞使用、描写方法、情感表达等方面的精彩点评,然后让大家就以文章的第三节和第四节为例,品读文章的语言之美。从这个简短的环节,可以看出学生对文章的细节描写和语言品味是把握得比较到位的。也就是说,这是学生已经会的内容。我们其他老师有可能就重点教了学生"已经会的"内容,而不顾其他"不会"的内容。宋老师则让语言品味更加具体化,明确一下本文的语言特点,并没有停留在"语言品味"的层次上。同时,也让学生熟悉了一下"敬慕"之"清晰"与"朦胧"。

接着,宋老师话锋一转,指出全班"有一人,觉得本文写得不怎么好。这位同学厉害在哪里呢?"然后,出示了这位同学对本文的几点质疑:①文章的题目是在讲"朦胧的敬慕",可后面又写到自己害怕死人上面;②第三段后才讲了敬慕,而且这些人的敬慕一点也不朦胧;③后来又讲到了孙中山,还讲到什么藏书和传单上了;④最后又写到了鲁迅。这位同学的提问紧扣文章标题展开,涉及对本文作者的选材和主旨的理解。学生的疑惑之处,也正是作者独特视角的选择和谋篇布局的巧妙之处,特别具有教学价值!宋老师抓住了学生提供的教学资源,就以学生的四个质疑点作为自己教学的突破口来组织整堂课的教学,这样一下子就扣住了文本本身的特色,也迅速把学生的好奇心调了上来。笔者认为,这样做至少有三点好处:

第一,尊重学情要求,教"学生不懂"的;而且自然地赞赏了学生的质疑精神,有利于良好学风的形成;

第二,让学生带着问题读书更有挑战性,训练了学生的积极主动思维能力;

第三,在阅读教学中让学生树立谋篇布局、巧妙构思的意识,重点教学生读书和写作的方法,可以起到举一反三的效果。

这样的教学设计,让老师们耳目一新,问题是从学生中来的,又回到学生中去解决。在探讨这些问题的过程中,学生既深入了文本,也始终围绕文章的构思之妙在展开学习,目标集中而有价值。

有人说:"课堂价值的评估不应该过多关注教师是否教了某项具体的知识,而应该关注学生的认知规律及心理规律是否被顺应,教与学在心理层面上是否完全接轨,学生是否参与学习了,是否会学了。"笔者深表赞同。

由此,笔者想到,改善教育教学行为还是要从研究学生开始,而不仅仅是从抽象的理念起步。教师必须深入实际,了解自己所教学生的基础知识、接受能力、思维习惯以及学习中的困难和问题等。只有真正了解了学生,才能有针对性地提问,恰当地把握问题的难易度,使得提问更加有效。宋老师是通过让学生预习课文,然后写自己的预习收获和感想来把握学情的。事实证明,这样的操作是有效的,值得我们学习。但是我们也不能机械搬用,某种有效的方式不一定适合所有学校的所有学生,我们应该进一步探讨摸索适合自己的了解学情的方法。宋老师的设计给我们的启迪是:只有这样基于对学生学的心理层面的教,才能够真正调动学生参与学习的积极性,教会学生学习的方法。

教师的"教"以学生的"学"为转移,那么我们教师又凭借什么来控制课堂和驾驭课堂呢?笔者觉得,应该像这堂课一样,学会增强知识和教学本身的吸引力,这需要教师自身扎实深刻的文本解读能力。在这堂课上,教师教的内容是学生的疑问之所在,所以学生对那四个问题非常感兴趣,这就是由于教师准确地把握了本文的文本特点和学情要求,增强了知识和教学对学生的吸引力。在这里,笔者觉得,我们在文本解读与教学设计的过程中,也有必要问问自己:文本解读究竟为了谁,文本解读究竟成就谁?因为,我们有的老师在解读文本、设计教学方案时,实际上是站在自己的角度,千方百计想着如何展示自己对文本的独特见解,展示自己对课堂的灵活掌控。因为教师时刻考虑展示自己的风采,所以一味地牵着学生前进。实际上,课堂上的教师是主导,不是主演。语文教学视野下的文本解读只能是基于学生立场的深入浅出,既符合学生特征又发展学生能力的文本解读。

由这一堂课,笔者也进一步看到,教师控制课堂和驾驭课堂,不断调整和控制课堂的走向,内在的、主要靠的是教师课前备教材时的"懂、透、化"。教师要使自己不仅能够站在教师的角度,而且能够站在学生的角度去体会、感受学生的学。只有做到这样,教师才能游刃有余地提出问题引导学生思考,才能更大限度地提高教学质量。

特别值得关注的是,本节课利用的学生质疑的四个问题,既成为本节课的一个突破口,又是学生活动的主要环节,让每一个学生都必须深入文本,让每一个学生都必须思考,让每一个学生都可以表达,而且在这个过程中,学生逐渐习得实用而具有操作性的读文章和写文章的方法——讲究构思的精巧,从而体现了"用教材教"的精髓,教会了学生读书的方法。

由此可见,本节课的教学,教师面对真实的学生,对如何在教学过程中了解、关注学生的学习这个问题做了真切而细致的探讨。根据课文的体式特点和学生的具体学习情况,把握学情,研究学情,用学生的疑惑突破整堂课的教学,让学生带着问题读课文,教学生不懂的,真正体现了学生立场。正如宋老师所言,她思考的是:"文本需要我们讲什么;学生需要我们讲什么。"

回想当初的自己,拿到文本之后,虽然也研究了文本,但是我思考的是:教师应该教什么,应该让学生学习什么呢?所以我死死地抓住文本,研究怎样从文本本身找到突破口,其实无形之中是以教师为中心,做到了"目中无人"的"境界"的。而我们平常的课,有多少是这样"目中无人"的一厢情愿的操作呢?

杜威在《新旧个人主义》中说:"教育是一个生活过程。"夸美纽斯在他的《大教学论》中提到,教育"是一种教来使人感到愉快的艺术,就是说,它不会使教员感到烦扰,或使学生发生厌恶的心情,它能使得教师和学生都得到最大的快乐"。这节课师生之间的沟通是愉快的、平等的、和谐的,同时又是充满不断释疑解惑的兴奋的。达到这样的境界是由于教师自己在读透文本的基础上反过来站在学生的立场上思考和处理教学内容,设计课堂教学。这样既体现了教师主导,又凸显了学生主体。由此可见,从学生中来,到学生中去,需要在文本解读和学情了解两方面都做足、做透工作,才能让课堂真正自由开放,生活气息浓浓郁郁!

6. 浅谈中学生作文个人思考的缺失与对策

众所周知,作文是写作主体个人进行的一种精神产品的制作,应表达自己对生活的独特感悟与思考,要有自己的真知灼见,而真知灼见,首先来自多思善疑。

然而在现实生活中,我们却经常看到大量千人一面、千篇一律的文章,让人读之生厌。这些文章,或者选材千篇一律,例如,写到思想美,一定是公交车上的"让座位",医院中的"救死扶伤",大街上的"捡钱包";或者行文无病呻吟,"为赋新词强说愁",矫揉造作;或者语言夸张失真,堆砌辞藻展才情。

这样的文章,缺乏学生个人对生活的观察与思考,缺乏学生活脱脱、水灵灵思维的跃动,让人感觉到当今中学生生活的单调、乏味,心灵世界的苍白空洞。活泼灵动的当代中学生怎么会出现这种精神家园几近荒芜的状态的呢?他们的作文为什么只有人云亦云而缺乏个人思考呢?

大而言之,是教育改革的不彻底使创作主体成为"没有头脑"的人。教育改革的春风吹了一轮又一轮,但吹到现在,新课程的评价体系仍然离不开一考定终身的模式。社会评价学校教育质量优劣的尺度往往是学校高分人数的多少、名次的前后,对学生思维能力的高低往往避而不谈。社会评价学校尺度的不合理促使学校用相同的评价标准考量学生的层次高低。所以学生不必有自己的思想,只要深刻领会考纲,投其所好,能拿高分就行了!于是,形成一叶障目、不见人唯见分的状况。而作文在中考、高考中却占了语文总分的半壁江山,为了提高分数,成批量的循规蹈矩、没有思想的习作出炉了!

小而言之,教师的自身因素使学生难以有自己的思想。首先,鉴于上述大的教育环境,教师在应试教育与素质教育的徘徊中,让作文教学最终向"功利化"方向发展,不重视学生个性的张扬,特别是在指导写作上模式单一。作文指导历来遵循这样一种教学模式:教师出题,指导审题或审要求,并指导作文,学生按教师的要求写作文,教师再按考试命题的要求尺度做统一规定,剔除另类的声音,形成精致的成品"范文",以供大家学习,并且美其名曰"抛砖引玉"。这种模式完全无视学生是作文的主体,让无数双眼睛以同一个或有限的几个角度来观察生活、描写生活,并表达对生活的所谓理解,学生的真性情、真思考在模式、高分、标准前被逐渐扼杀,直至最终泯灭殆尽。其次,一部分"教"书的教师本身就缺乏自己的个性,缺乏思想理念的指引,唯教参之命是从,没有自己的声音,又怎么能培养出有独立思想的学生呢?

由此可见,社会看高分,学校要高分,教师求高分,学生争高分,人人眼中只有"分",千方百计、绞尽脑汁、齐心协力拿"分"。于是,学生在教师引导下,以辞藻、以结构、以立意迎合给"分"的口味,这样教出来的统一模式,写出来的千篇一律,怎么会有学生自己的创意和思考呢?这样下去,学生除了会依葫芦画瓢,还会什么呢?

作文是一种生命状态,即使是同一命题作文,透过不同学生的文字,我们应当可以听到各种各样不同的声音在诉说他们各自不同的生活感悟,展现他们缤纷的个性魅力!解决学生思想贫乏的问题,迫在眉睫!

一、改变教师的生存状态,做好学生的引路人

面对着光怪陆离的生活和不断革新的语文教育,今天的语文教师都毫不例外地感受着来自生活和教育的压力,因此需要不断调整自己的生存状态,做一个自信的工作者,我们的目标绝不是停留在教书匠的层面,成为应试教育的奴隶,而应当反思自己的教育生活,不断地自我更新,成为学生个性发展、能力发展的指路明灯,指导学生突破应试的瓶颈,获得一些终身发展必需的思维品质,在成就学生的同时,也在教育改革的风口浪尖成就个性的自我!有思想、有个性的教师必然能带出一群有自我思想的学生群体!

二、激发学习兴趣,变被动写作为主动写作

孔子说:"知之者不如好之者,好之者不如乐之者。"一个人只有在学习过程中感受到学习的乐趣,才会自觉主动地学习,使思维处于积极的状态之中。同样,写作是人的心灵声音的释放与表现,丢开应试的枷锁,让学生想写什么就写什么,想说什么就说什么,有了写作言说的兴趣之后,不用指导写作,每一个自由生命的呈现本身就是一幅灵性飞扬的作品!例如,社会上出现杨丽娟追星事件之后,我立刻在语文课上与学生聊起他们的偶像明星,投其所好,学生的话匣子被打开了,原本只打算花五分钟给学生了解追星危害的初衷一下子被打破,我发现学生对于这件事有超出我想象的理智与自控,他们踊跃激动地发言,表达对此事的看法,于是我趁热打铁,让他们行之成文,效果比平时有意识的指导好多了。

三、拓宽学生视野,丰富感性认识

没有广博的间接经验和丰富的感性知识,人的认识不可能由感性认识上升到理性认识,思维水平不可能由感性阶段上升到理性阶段。

因此,教师在平常的教学中不能死于教学,不能死于考点考纲,应该引导学生跳脱出来,观察生活,思考生活,眼光放向广博的社会生活,投向五彩的校园生活的点滴,让三点一线的日子有新闻、有交流,有不同学生的不同声音,从而从生活中找到下锅米。

当然,阅读是间接经验的源头活水,精心建设班级文化、校园文化,营造书香校园,也会使学生的认识更丰富、更深刻。这些都将促进学生的思考与思维的活跃。

四、鼓励质疑,培养创新精神

邓小平说:"创新是一个民族进步的灵魂。"同样,创新也是创作主体积极思维的最有力表现。发人之所未发,想人之所未想,言人之所未言,这样的文章,会因为学生的思想而闪光!

疑为学之始,抓住疑问,解决疑问,有助于提升学生的思维能力。

首先,我们可以引导学生在阅读教学中设疑。阅读是写作的语言之源,也

是写作的思想之源。作文的构思、立意、取材、篇章、结构、语言都能在阅读中受到启发。在阅读教学中鼓励学生有疑有问,通过问,解决疑,使学生开展积极的思维活动;在阅读教学中,创设情境,开展两军对垒的思辨活动,促使学生发现问题,分析问题,解决问题,活跃思维;在阅读教学中,教师抓住课文中似是而非然而却是矛盾的关键所在,启发学生深入思考探究讨论,增长思维能力。

其次,应当引导学生在日常生活中设疑。生活是一个万花筒,酸甜苦辣咸,一应俱全。生活中的一切每天都在拨动着我们的心弦,关键是平时我们要做生活的有心人。生活在同一片蓝天下,面对同样的花草树木,经历同一件事,有的同学能激起思想的涟漪,有感而发;有的同学却下笔无言,思想苍白,这就需要我们在生活中善于质疑发问,保持对五彩生活的敏锐感受,把它们积累下来。例如,许多学生的作文中都有过这样的情节:在夜深人静之时,整栋教学楼里只有一个身影在忙碌,她在埋头批改作业,修改教案……一番生动的描写之后,抒发对老师红烛精神的赞美之情。当然,这样写也未尝不可,但是写多了也就写滥了,让人看厌了! 其实,只要我们善于质疑,对上述作文素材深入地思索,就可以发现里面可以是别有洞天的。在夜深人静时,仍然加班加点,如此苦干,不珍惜身体,学生仍然喜欢这样的"蜡炬成灰泪始干"的老师吗?在素质教育背景下,青春、活泼、靓丽的老师受欢迎还是只会苦干的老师受欢迎?从而可以深入触及新教师魂的教育改革问题。除此之外,我们也可以反思:这种苦干型的教师,他们的家庭安定吗?他们的孩子幸福吗?家人是怎样殷切地期待着老师的归来,由此可以将笔触触及小家庭的经营,不会经营小家的老师会经营"大家"吗?对亲生儿女冷落的母亲,会懂得其他学生的所需吗?

古人云:"世事洞察皆学问,人情练达即文章。"只要面对生活,深入思考,多问几个为什么,就会有不一样的生活感悟以及不一样的表达方式,在文章的立意上定能有所创新。

7. 重视学生直觉思维能力的培养

随着课改的深入展开,语文教学领域百花齐放,百家争鸣,气象万千。就文本的解读而言,就出现了对文本的"深度解读""广度解读""个性解读""文本细读"等各具特色的解读方式。纷繁万象之中,往往容易让人迷离了双眼。

教学方式方法的思考与创新当然是要与时俱进、不断探索的。但是,为什么经过那么多的解读方式的训练之后,学生还是读不懂一篇稍微带点隐喻意义的文章呢?中考最后一篇考验学生解读能力的大阅读17分,平均得分往往只有6分左右!虽然语文教学绝不仅仅是为了试卷上的那个分数,但是,试卷上的分数至少反映出一个信息:很多学生读不懂文章!这些学生,往往有很大部分人数学、物理方面的逻辑思维能力很好,脑子很灵活,掌握了很多解决问题的方法,可是就是看不懂文章!聪明的脑子在语文试卷上派不上用场!

这样的现象应该引起我们语文老师的反思:语文教学,到底要教什么?我们到底要帮助学生掌握哪些最基本、最核心的东西,才能让学生真正有能力独立阅读?是根据试卷的变化而研究解题思路,把语文的学习弄得像数学一样套公式,还是日复一日、年复一年地完成每一册书的基本篇目的教学,长期坚持低效高耗的学习方式,进行所谓的"熏陶积累"教学?万变不离其宗,我觉得关键还是要抓住直觉思维能力的培养与训练。

一、直觉思维对语文教学的重要性

本来,形象思维、直觉思维和逻辑思维三者都是人类不可缺少的基本思维形式,彼此之间只有思维材料和思维加工方法的不同,没有高低级之分。但是,长期以来,在哲学界和心理学界的许多教材和著作中,却一直在宣扬这样一种观点:只有逻辑思维能揭示事物的本质和事物之间的内在联系规律,即可以使我们对客观事物的认识由感性提升至理性,因而是高级思维;而形象思维和直觉思维只能使我们获得对客观事物的直观、形象的感性认识,难以揭示事物的本质和规律,言下之意这是比较低级的思维。在这种思想指导下,必然是重视逻辑思维而轻视形象思维和直觉思维。由于这三种思维之间事实上存在相互支持和相互依存的关系,因此片面强调逻辑思维的结果是,不仅形象思维和直觉思维被大大削弱,就是逻辑思维本身也得不到健康的发展。这样做的结果必然是对每一种思维都不可能建立起一套正确的培养方法。

教学实践证明,我们初中语文教学不能一门心思扎入到所谓解题方式方法的逻辑思维的开发之中不能自拔,而要重视培养学生的直觉思维能力!上海市著名语文特级教师贾志敏老师在作文教学演示课上点评学生习作的时候,经常是在一读一听之际就能迅速敏锐地对言语的正误、优劣、形象、情味以及它们的细微差别做出判断,得出哪些地方上口、顺耳、畅达;哪些是佳句,用语精妙;哪些地方需要润饰或者修改,能直觉地感觉这个字不合适,换哪个字才合适,这个说法不合适,换另一个说法才合适。这种不必进行语法规则及其他语文知识的专门分析而对语言文字的直觉感受、直觉判断主要是直觉思维积极参与的结果。

直觉是人类另一种重要的基本思维形式。它与形象思维、逻辑思维三者并列,构成创造性思维的主体。在语文学习过程中,直觉思维是必不可少的,它是分析和解决实际问题的能力的一个重要组成部分,是一个有着潜在开发学生智力意义的不可忽视的因素。布鲁纳指出:"直觉思维、预感的训练,是正式的学术学科和日常生活中创造性思维的很受重视而重要的特征。"因此,在语文教学中,重视直觉思维能力的培养对培养学生的创新精神和创造能力是至关重要的,对于帮助学生读懂文章更是起着举足轻重的作用。

二、培养学生的直觉思维能力的途径

如何在教学中培养学生的直觉思维能力呢?

(一)扎实的语言基础是产生直觉的源泉

西蒙说,直觉是"利用了已有的知识认识了当前的情景"。布洛赫也指出:"我认为直觉和经验二者是密切相关的,所谓直觉,是把那些你已经了解得很充分的事物的认识拼起来形成一个更完整的认识。"没有原有的经验、知识作前提,直觉思维只能是飘忽不定的镜花水月。一般说来,语言感知的经验越丰富,对语文知识理解得越透彻,就越容易对语文中的现象与问题产生直觉。

那么,怎样积累语言素材、丰富语言感知呢?我觉得首先就要有"积累"的

意识。古人说："熟读唐诗三百首，不会作诗也会吟。"可见，古人是很重视于朗诵中积累语言经验的。但是我们现在的语文教学有太多的"同步习题"和"教材全解"，却没有形成大面积的朗读背诵经典语言材料的风气。初中语文的背诵，仅仅局限在中考要求的那几十首诗词和那么几篇现代文的节选语段而已；朗诵也仅仅是一小部分语文爱好者的"文学沙龙"式的点缀而已。三年的初中时光，正是十三四岁青少年记忆力很好、青春飞扬的阶段，让他们一味地投入各种解题思路的训练中，而错过了积累语言素材的黄金时期，不但于语文能力的提高无益，更是对逻辑能力培养的一种扼杀！一流的数学家都有着深厚的文学功底，而文学功底的奠定就在青少年时期。在九年义务教育阶段，不断地朗诵积累，从积累语言到积累素材再到积累思想，逐渐深入，积沙成塔，提高孩子们对语言感知的敏锐度，应该成为我们所有语文老师的共识。

只有具有"积累"的意识，语文教学中对于字、词、句、篇的基础知识的积累与掌握，才有可能逐渐形成知识树的形式，学生在反复的实践运用中才能达到游刃有余的地步。而具有了扎实的语言基础，学生今后在解决具体的问题时，也就可以达到自由运用而说不出具体理由的直觉运用阶段了。

（二）鼓励阅读初感是培养直觉的动力

成功可以培养一个人的自信，直觉的发现伴随着很强的自信心。当一个问题不通过逻辑证明的形式而是通过自己的直觉获得，那么成功带给他的震撼是巨大的，内心将会产生一种强大的学习钻研动力，从而更加相信自己的能力。高斯在小学时就能解决问题"$1+2+\cdots\cdots+99+100=?$"，这是基于他对数字的敏感性的超常把握，这对他一生的成功产生了不可磨灭的影响。

而现在的中学生直觉意识越来越淡薄，一篇文章往往读了几遍之后仍然拿捏不准甚至不知所云。这时就特别需要教师的鼓励与支持给他们以自信。此时，教师要转变教学观念，把主动权还给学生，不要一开始就对每篇文章都条分缕析地拆解讲析，而要尊重学生的阅读初感，放手让学生在自己原有的阅读初感基础上互相交流启发，深入作者的字里行间去揣摩感知。教师对于学生依据文本的大胆设想要给予充分肯定，对其合理成分及时给予鼓励，爱护、扶植学生的自发性直觉思维，以免挫伤学生直觉思维的积极性和学生直觉思维的悟性。教师应及时因势利导，解除学生心中的疑惑，使学生对自己的直觉产生成功的喜悦感，从而逐渐培养学生的自信力。例如，《七颗钻石》一课的教学，学生一读完文章就能感受到这篇童话传递的"爱"的主题,但是对于童话的结尾水罐为什么会神奇地变成"七颗钻石"飞上天空不能理解,这也就是简短的童话想象奇特而寓意深刻的地方。我们在教学时就要在肯定学生的阅读初感基础上引导学生丰富文章的想象,而丰富想象的过程可以进一步给学生树立自信,从而引导他们逐渐突破对难点的理解,逐渐接近更深刻的主题。如果教师粗枝大叶地将"爱的永恒"这样的主题直接讲解给学生,就破坏了学生的直觉感知,让学生觉得自己无法单独解读文本,对教师产生依赖性,永远扼杀了学生独立解读的自信心!

(三)感性理解与整体感知提升直觉反应的速度

现在的语文教学过多地注重了理性分析,而忽视了感性理解。直觉思维强调整体感知,它是把语言文字放在具体的语境中完整地感受其表达的深层意义,而不是训诂式一个字一个词地解释,把文字弄得支离破碎;同时,直觉思维是对感知对象整体的全面笼统的把握而不是条分缕析,兼顾方方面面各个层次的理解和切分。这就要求我们教师在教给学生一篇新课文之前应给学生以充足的时间,让他们从课文的整体情境中得到领悟和启示。要让学生把一篇课文看成一个有意义的整体,让他们各自凭着思维直觉去把握和体味文字的情感基调、主题思想以及其独特的艺术手法,然后再分析构成课文整体的各个段落层次。教师在课堂教学中有意识地经常这样反复练习,坚持不懈,学生的直觉思维能力就能得到培养与提高。

例如,在教学《口技》一文时,可以让学生先整体朗读这篇文言小说,感受口技艺人的精湛技艺,再具体地体会三个不同场景中口技艺人的智慧和才能之"善"。通过整体感知的朗读和具体场景下的情境朗读,学生对于口技艺人的"善"和作者对口技者的赞美之情就能有所感悟,接下来的局部感知与分析才能因为有明确的方向性而水到渠成。反之,如果一上课就亦步亦趋地分析口技者的"善"分别体现在哪些方面以及怎样体现其"善",势必会让课堂变得支离破碎、索然无味,最后甚至会变成教师的一言堂。

(四)鼓励想象联想,提高直觉思维水平

直觉思维往往不采用分析、概括、综合、推理等正常思维形态,而表现为灵感、猜想、预见、期待与体悟等变异的思维形态。联想、想象往往是不受逻辑思维约束的思维形态,具有极大的跳跃性与自由性,可以极为迅速地使不同事物之间建立联系。因此,想象、联想是直觉思维的翅膀,教师要积极启发学生进行丰富的联想与奇特的想象。例如,在学习古诗词时,朗读品味当然是不可少的,但是怎样让学生读得入情入境而有所感悟呢?可以让学生在朗读了几遍之后静静地沉入诗歌意境之中,让自己进入诗歌凝练简洁的语言之中,想象联想其中的情境,然后把诗歌扩充成一篇优美的小散文。这样,让学生思接千载,放飞想象联想的翅膀,可以有效地提高直觉思维水平,既让学生读懂了诗词中蕴含的情感,也省去了教师的字字解析。

(五)直觉思维与逻辑思维相结合

应当指出的是,直觉并不都是可靠的,正像彭加勒所言:"直觉是不难发现的。它不能给我们以严格性,甚至不能给我们以可靠性。"但直觉的重要性是毋庸置疑的。我们在教学过程中应该强调培养学生的逻辑思维能力和直觉思维能力的和谐统一。应该说过分强调逻辑推理或过分强调直觉思维都是有弊端的,用直觉思维引导逻辑推理,通过逻辑推理检验直觉思维的正确性,从而克服直觉思维可能产生的种种缺陷应该是合理的、值得尝试的教学手段,如果能这样的话,实际上也很好地培养了学生的直觉能力。

所以说,教师在教学中应当有意识、有计划地培养学生的直觉思维能力,并把直觉思维与逻辑思维有机地结合起来,以全面提高学生的思维品质。思维品质的改善将从根本上促进学生的阅读理解能力的提高,从而以不变应万变,提高学生的语文成绩以及语文素养。

8. 运用对比增强文章感染力

有位学生习作《一段成长的旅程》的结尾两段是这样的:

是呀!人必定是要长大的,不可能永远待在父母的身边。既然一出生没有牡丹那么富贵夺目,那么就要学习蒲公英那般卑微中坚强。

车子缓缓开动,我朝窗外的父母释然一笑,这将是一段成长的旅程,从这一刻开始。

小作者恰当地运用对比的写法,拿富贵夺目的牡丹和卑微坚强的蒲公英对比,具体、生动地写出自己独自出门在外,要坚强面对一切的决心,突出强调了心灵的成长感悟,点题并升华了中心。像这样在习作中有意识地学习运用对比手法,不但可以形象化地表达,巧妙点题,还可以加强表达效果,加深读者对主旨的理解。

对比是我们写作中经常运用的一种重要表现手法。它最大的特点就是能够将互相对立的事物合乎逻辑地联系在一起,以构成强烈的比较,从而突出矛盾双方最本质的特征。我们不妨看看苏教版九年级第二单元的两篇小说《故乡》和《我的叔叔于勒》,进一步感受对比手法的运用及其作用,以便读写结合、学以致用。

一、情节的对比,曲折起伏,推向高潮

《我的叔叔于勒》一开篇就运用了对比的手法。小时候,我们家庭生活拮据。我母亲对我们的拮据生活感到痛苦,"那时家里样样都要节省,有人请吃饭是从来不敢答应的,以免回请;买日用品也是常常买减价的,买拍卖的底货;姐姐的长袍是自己做的,买15个铜子一米的花边,常常要在价钱上计较半天"。家庭生活过得如此艰难,笼罩着抑郁的氛围,"可是每星期日,我们都要衣冠整齐地到海边栈桥上去散步"。我们热切盼望着于勒的归来。艰难痛苦的状态与欢乐的期盼形成强烈的对比,深深攥住了读者的心,于勒到底是谁呢?这时,作者平静地讲述:"父亲的弟弟于勒叔叔,那时候是全家唯一的希望,在这以前则是全家的恐怖。"简单的一句话,就极其自然地穿插进于勒之前的经历,原来,"他当初行为不正,糟蹋钱",被送往美洲了。没想到于勒在美洲居然发财了,这给我们全家带来了热切的期盼。虽然这种期盼暂时没有变成现实,但是我们一家却坚定地相信这一梦想,并且怀揣着欢乐的梦想,踏上了哲尔赛岛之旅。但是,当大家沉浸在旅游的欢乐之中时,一个令人难以置信的事情发生了:于勒居然就在这艘船上,而且居然是一个卖牡蛎的穷水手的身份!于是,一家人满载着深深的绝望、气愤、郁闷的心情改乘另外一艘船返回。文章就此戛然而止!随着于勒从穷到富再到穷的升沉过程,故事情节在对比之中,曲折跌宕,一步步推向高潮,反映了人与人之间冷漠、唯钱是亲的社会现实。

二、人物的对比,刻画性格,突出个性

随着于勒命运的浮沉变化,菲利普夫妇对于勒的态度也经历了"期盼—恐

怖—躲避"的几番变化。在这一过程中,我们看到菲利普夫妇共同的性格特征:自私、冷酷、贪婪。但是,夫妇二人又有着鲜明的个性,而这种鲜明的个性,也是通过对比的手法刻画出来的。我们看同样是发现于勒是穷水手的身份时,菲利普和克拉丽丝的不同表现:

我父亲突然好像不安起来……他的脸色十分苍白,两只眼也跟寻常不一样。他低声对我母亲说:"真奇怪!这个卖牡蛎的怎么这样像于勒?"

母亲有点莫名其妙,就问:"哪个于勒?"

父亲说:"就……就是我的弟弟呀……如果我不知道他现在是在美洲,有很好的地位,我真会以为就是他哩。"

父亲惊慌失措,没有主见,要母亲出面去弄清楚状况。母亲则果断得多了:

母亲站起来去找她两个女儿……她很快地说:"我想就是他。去跟船长打听一下吧。可要多加小心,别叫这个小子又回来吃咱们!"

父亲去打听情况的时候,"心里异常紧张",当他得知于勒就是穷水手时:

我父亲脸色早已煞白,两眼呆直,哑着嗓子说:"啊!啊!原来如此……如此……我早就看出来了!……谢谢您,船长。"

他回到我母亲身旁,是那么神色慌张。

母亲则异常冷静,"赶紧对他说:'你先坐下吧!别叫他们看出来。'并且,马上安排:应该把孩子们领开。若瑟夫既然已经知道,就让他去把他们找回来。最要留心……"

通过这样的对比,父亲的懦弱,母亲的精明、有心计,异常鲜明地呈现在读者眼前。正是对比的手法突出了冷酷的菲利普夫妇个性的不同,给读者留下深刻印象。

又例如《故乡》一文,作者写"我"回故乡搬家的一段经历,着力选取最典型的人物,抓住他们的变化,深刻地揭示旧中国日趋没落的社会现实。请看闰土来看望"我"的场面描写:

我这时很兴奋,但不知道怎么说才好,只是说:

"阿!闰土哥,——你来了?……"

我接着便有许多话,想要连珠一般涌出:角鸡,跳鱼儿,贝壳,猹……但又总觉得被什么挡着似的,单在脑里面回旋,吐不出口外去。

他站住了。脸上现出欢喜和凄凉的神情;动着嘴唇,却没有作声。他的态

度终于恭敬起来了,分明的叫道:

"老爷!……"

我似乎打了一个寒噤:我就知道,我们之间已经隔了一层可悲的厚障壁了。我也说不出话。

昔日亲密的"迅哥儿"变成了颇含敬畏之情的"老爷",昔日那位充满生命活力的少年变成了苍老麻木的木偶人,在这巨大的变化里,暗示着社会的动乱、经济的凋敝、农村的破产。这个场面描写,如果没有少年闰土的对比,那无疑会使闰土形象黯然失色,失去它震撼灵魂的力量。

人物前后的对比,方式可以是多种多样的,可以是纵向的对比,正如《故乡》中少年闰土和成年闰土的对比,反映农民命运的日益悲惨;"我"和闰土关系的前后对比,反映等级观念的鸿沟难以逾越;杨二嫂前后生活的对比,反映黑暗社会病入膏肓;"我"和闰土的关系与宏儿和水生的关系的对比,反映作者对未来生活的向往。也可以是横向的对比,例如,闰土与杨二嫂两个典型形象的对比,表现了作者对闰土的尊敬与同情。

三、环境的对比,渲染氛围,烘托心情

人物总是在一定的环境之中生存的。小说中的环境描写包括对人物所处的具体社会环境和自然环境的描写。鲁迅的《故乡》中记忆中的故乡和眼前故乡的不同,今日凄凉的故乡,"苍黄的天底下,远近横着几个萧索的荒村",色调深沉,一个"横"字,一片荒凉的景象尽收眼底;"瓦楞上许多枯草的断茎当风抖着",使一派肃杀之气扑面而来,眼前故乡的萧索凋敝令人心情沉重。但是,记忆中的故乡却是美丽的"深蓝的天空中挂着轮金黄的圆月,下面是海边的沙地,都种一望无际的西瓜"。色彩绚丽,充满生机。"萧索"破败的"荒村"与海边沙地"神异的图画",前后形成鲜明的对比,在对比中,作者以萧索的环境烘托了"我"回故乡时悲凉的心情,以美丽的故乡为"我"与闰土的纯真友谊提供了背景。前后环境的变化,揭示了旧中国农村日益衰败的悲惨现实以及农民生活的贫困。

《我的叔叔于勒》中,环境的对比也很明显:

在去哲尔赛岛时,"我们上了轮船,离开栈桥,在一片平静的好似绿色大理石桌面的海上驶向远处",景色明快,表现他们快活而骄傲的欢愉心情。但是,

在离开哲尔赛岛时,"在我们面前,天边远处仿佛有一片紫色的阴影从海里钻出来",景色灰暗,显示了他们满怀失望与沮丧的心情。前后景色描写形成鲜明的对比,表现了菲利普夫妇在见到于勒前后的不同心境。

环境的对比,除了可以烘托人物心情、渲染氛围之外,还可以交代故事发生的地点、时令或背景,增强故事的真实性,甚至可以推动故事情节的发展,例如,《孔乙己》中"秋风一天凉比一天……"就预示了孔乙己的悲剧命运。

总之,对比手法既可从大处着手,在整体故事构思上运用对比(例如情节设计);也可从小处着眼,细节之间进行比较(例如局部环境或语言、动作等);既有对立事物的强烈对比(如穷与富),又有同类人、事、物的彼此映衬(如闰土二十年之前与二十年之后)……从总体上来说,既可以纵向对比,又可以横向对比,或者,两者结合在一起描述客观事物,表达作者的情感。

乌申斯基说:"比较是一切理解和思维的基础,我们正是通过比较来了解事物的一切。"有比较才有鉴别,通过比较,我们可以透过事物纷繁复杂的表面现象,看到它们的本质特点;通过比较,事物的真假美丑,这一事物和那一事物的区别,便一清二楚地呈现在我们眼前,从而突出主题的深刻性。那么,我们在写作中应当如何恰当运用对比呢?

首先,应该明确对比的前提:要有可比性。可比性是对比的前提,没有可比性对比是不能成立的。举例来说,黑与白对比,黑白分明;胖与瘦对比,胖瘦更加突出。但是,黑与胖就不具备可比性。同样,纵向的比较,要考虑的是同一对象在不同时期的不同表现特征;横向比较,比较的是被比较事物在一定的时间范围内本质上的相同点或不同点。

其次,对比要多方面地进行。客观事物是多面体,只从某一个方面把两个不同的事物进行比较,只能得出片面的结论,因此,比较必须是多方面的。例如《故乡》中,少年闰土与中年闰土,"豆腐西施"与"圆规",是人物今昔的对比。人物对比中又具有着诸多层次。有闰土、杨二嫂前后肖像的对比;有闰土前后语言、行动、气质、性格的对比;有闰土与杨二嫂性格的对比;有"我"和少年闰土的友谊与中年闰土的"隔膜"的对比,有中年的"我"和闰土关系的"隔膜"与宏儿和水生的"一气"的对比。这样多方面的对比都指向人物前后的变化,从而反映"旧中国农村日趋凋敝,农民生活日益贫困"这一主题的深刻性。

俗话说:不比不知道,一比吓一跳!学习了第二单元的这些小说后,笔者要求学生在日常生活中以比较思维观照周围的事物,在自己的写作中尝试运用对比的手法选题、立意、安排材料,运用语言,在反复的删选比较与实践中把文章内容写得深刻而富有新意!

附:学生优秀习作

梦

昆山市葛江中学　初二(10)班　张　玉

春天,万物复苏,空气中带着暖暖的气息,无声地催醒了沉睡的花朵。花园里,那些怒放的花朵在绿叶的衬托下,更引人注目,仿佛置身于梦的殿堂。

尤其是那株海棠,满枝的粉红,让人以为那枝丫会被密集的花儿压断。爸爸上前轻轻取下几粒种子,我小心翼翼地捧在手心——比黄豆小一点的黑棕色小球,真能长成这一树的繁华吗?

一回家,就心血来潮地找了个空花盆,填上土,用小铲子慢慢拨开一个小坑,将一粒种子放进去,埋好,再往四周浇点水。然后,等待它的芽儿破土而出。有时趁爸妈不注意,倒点牛奶去滋润它。

从此,每天回家后第一件事便是去阳台看看它。但在蓬勃的春天、炎热的夏天过去后,我原本满满的希望都消失了。踏着干枯的落叶,看着远方光秃秃的海棠树,我想,这种子是不会发芽了。我也索性不管它了。最初还梦想能在家目睹海棠花的美丽,现在也都淡了。

冬天,它还是没出来,尽管我还给它浇水,尽管我没抱希望,但还是失望了。我泄气地拿着铲子蹲在花盆旁。心想,反正也没用了,不如尽早腾出空间,也顺便看看它是否真的没萌芽。

慢慢地一点一点将土拨开,见没有什么,便放心地用力去拨土了。但刚将铲子插入土中,我便感觉有什么东西挡住了道路,感觉铲子碰到了什么。一丝疑惑浮上心头,随即,便触电似的缩回了手。那不会是种子的芽吧?但将近一年的时间,怎么会到现在才发芽呢?努力不去想这是真的,努力地找着无力的借口。可是,如果说:它等待了一年,沉淀了一年,蓄势了一年,就只为在下个春季崭露头角,那我,不就成了它美梦的破坏者了吗?而且同时,我也毁了自己的梦,因操之过急而亲手打碎了的梦。

我用双腿固定好花盆,双手握住铲子,万分小心地将其慢慢抽出。我没有去证实那是不是芽儿,因为我确定,那就是芽儿!是那向往着春天的芽儿,是那等待着成长的芽儿。

我很侥幸没有将那芽儿切断。即便它被我割伤,我也相信,它能在这冬天倍感温暖的阳光下继续茁壮成长,重新让梦开花。

其实,每一个梦想,每一个成功,都是在离终点最近的地方被人们抛弃。因为他们不知道,再多等一会,再多坚持一下,收获的便不是一点的成果。梦之所以梦幻,是因为有些遥远。所以在迈近的时候,往往只差一步,便与之错过、远离。但梦不是玻璃杯,它经得起考验,它能在远离之后又贴近,能在破碎后又重拾。所以,美梦之美,贵在坚持。

果然,在一个温暖的午后,一颗小芽忽地冒出来,小到让人无法看清,却真实存在。

文中,怒放的花儿与不冒芽儿的种子对比,写出我等待的心情之焦灼;满满的希望之梦与深深的失望之情对比,刻画出小作者对海棠发芽的期待之切;海棠发芽的切近现实与梦的遥远梦幻对比,点出坚持之可贵、梦想之美好,升华了主题!

9. 由知而行,由学而用

叶圣陶先生说:"学习国文就是学习本国的语言文字。""语言文字的学习,就理解方面说,是得到一种知识;就运用方面说,是养成一种习惯。这两方面必须联成一贯;就是说,理解是必要的,但是理解之后必须能够运用;知识是必要的,但是这种知识必须养成习惯。语言文字的学习,出发点在'知',而终点在'行'。"

这启发我们,语言文字教学要使学生得到语用知识,学会运用,并养成习惯,从而提高语用能力。一方面,要学会运用那些文本语言表达本身的写作知识;另一方面,学习运用文本语言自身形式之外的技巧,如想象等。下面从三个方面呈现由知而行、由学而用的实践过程。

一、利用矛盾写出人物的性格特点

孙绍振先生说:"事物、观念和形象的内涵是丰富的、充满矛盾的。"小说、戏剧常常在激烈的矛盾冲突中展示人物性格,表现社会现实。其实,散文也经常抓住矛盾冲突,写出事情的一波三折,将人物性格表现得更加鲜明、感人。重视这一写作技巧,可以收到更好的教学效果。

1. 课例分析

《斜塔上的实验》是一篇写伽利略生平的人物传记。为了突出他不轻信权威、热爱科学、勇于创新、甘为科学奉献终身的精神,作者选取了伽利略与周围人的种种矛盾冲突:一是孩童时代,在学校里,老师试图解说拉丁文介词或意大利文动词的重要性,可是,小伽利略的心已经飞到天外;二是父亲想让伽利略做服装商人的期望和他自己的科学梦想的冲突;三是在学生时代,教授们的迷信亚里士多德的教条和伽利略的不迷信权威的格格不入;四是在教学之时,教授们一味地把旧学说当作福音真理接受与伽利略的用实验检验真理的对立冲突。作者巧妙地利用各种矛盾吸引着读者阅读,充分展现了伽利略勇于反抗权威、坚持科学探索、甘为科学奉献的性格。

2. 知识运用

学习《斜塔上的实验》,选取伽利略与周围人的种种矛盾冲突来增强故事性,突出人物性格的方法,选取一个成长的故事与大家分享。

①选材上,努力选择主人公成长过程中那些具有矛盾冲突的经历来展现其性格特点。

②叙事中把主人公如何应对冲突的写具体,更好地表现主人公性格,突出中心。

3. 习作评点

我一直憧憬踏上跑道的那种飞翔的感觉。但是,因为表现平凡,我在学校长跑组中一直默默无闻。老师已经不把我当作重点培养对象了。每次训练的时候,队友们都不屑与我分在同一组。

可是,我真的向往那种奔跑起来快要飞的感觉。

那天,一向支持我的老爸也提出让我退出训练了。尽管有思想准备,但是,面临现实时,我还是难以置信。

"儿子,我知道跑步是你的兴趣爱好,可是,我看你最近由于加大训练量,学习退步严重。咱们还是应该以学习为重吧!"老爸的声音回想在耳畔。

"儿子,搞体育太辛苦了!还是早点放弃抓学习吧!"老妈的苦口婆心让我更加为难。

"可我………我真的喜欢!"望着窗外阴沉沉的的天气,我喃喃自语。难道,我真的要放弃吗?

——学生习作《我终于飞了》片段

习作记叙了"我"在战胜跑步经历中所遇到的种种困难的故事,刻画了一个热爱跑步、坚强乐观的阳光少年。为了突出"我"的这种性格特点,习作展示了"我"成长过程中所遭遇的各方面的困难:一是来自带队老师对"我"的日渐疏远与不重视,二是队友们对"我"的不屑,三是一向支持"我"的老爸也劝"我"退出训练,四是老妈心疼"我",怕我太辛苦。这些来自各方面的不支持都是"我"长跑训练道路上的阻碍,与"我"对跑步的热爱形成强烈的矛盾冲突,为"我"的成长故事制造了波澜,进一步突出了我对跑步的热爱之情。小作者会怎样克服困难、走出困境呢?这就吸引了读者的阅读目光,为下文刻画一个享受跑步运动、坚强乐观的阳光少年做好了铺垫,使主人公的形象更加鲜明感人。

二、通过理事情融合丰满人物的形象

清代诗论家叶燮认为"理""事""情"三者之间具有辩证统一的关系:作者要反映生活,就必须透过现象写本质,以便闪现内在之"理"的光辉;但"理"又是通过具体可感的事物或真挚深沉的情感来体现的,即寓"理"于"事";而具体的"事"又必须按照生活本来的面目来表现;"情"的种种变化,又是立足于"事""理"之上的。在记叙文写作中,理、事、情三者之间的融合,让人物形象具体可感、丰满化。

1. **课例分析**

鲁迅在《藤野先生》中写了藤野先生耐心询问作业、为我添改讲义,关心解剖实习、询问中国女人裹脚等事情,藤野先生为人师的品格和对"我"的平等友善之情自然融于事件的叙述之中。在当时日本军国主义盛行的背景之下(从匿名信事件和看电影事件可见一斑),藤野先生为什么能这么诚恳平等地待我呢？这些"事"和"情"都基于他毫无民族偏见，医学无国界、学术无国界的世界观和价值观，这就是藤野先生所作所为之中的"理"。所以说"有时我常常想：他的对于我的热心的希望、不倦的教诲，小而言之，是为中国，就是希望中国有新的医学；大而言之，是为学术，就是希望新的医学传到中国去。他的性格，在我的眼里和心里是伟大的"。课文正是将情、理融在事的叙述之中，才使得藤野先生的形象血肉丰满，感人至深。

2. 知识运用

学习《藤野先生》刻画人物形象的方法，试着写写自己的亲人。

①注意选取具体可感的事情来表现主人公的性格特点。

②主人公的情感融于具体的事件之中自然流露。

③透过现象写本质，揭示主人公之所以如此的深层原因，寓"理"于"事"。注意理、事、情的融合，使人物形象更加具体、丰满。

3. 习作评点

母亲总是唠叨我喜欢看她口中所说的"有的没有"的书，让我去多做几道数学题目。信息化的时代把文学挤到了尴尬的位置，你却总是懂得我的，知道我爱的就是这些"有的没有"，时常偷偷地带着我去书店看书，为了我也去读了不少。于是，早晨人流涌动的书店门口，你会念上这样一句："一张机，采桑陌上试春衣。风晴日暖慵无力，桃花枝上，啼莺言语，不肯放人归"，你吟起诗来颇有些文人的气息，语气不骄不躁，平静舒缓，美好恬淡，"两张机，行人立马意迟迟。深心未忍轻分付，回头一笑，花间归去，只恐被花知"，我不禁接下了这首无名氏的《九张机》。你便是以这样的方式慢慢培养着我，以至于我甚至想把这首诗写给你。

——学生习作《致我的父亲》片段

习作写父亲支持我看文学类的书，不像母亲那样唠叨我做数学题，在书店门口吟诗等具体的生活小事，写出父亲的开明、有文学气息等特点，表现了父亲对我的关爱与理解之情。父亲为什么能不像母亲那样干涉我呢？这是基于父亲"总是懂得我的"，他懂得我对阅读的渴望，理解我对文学的爱好，所以能放手去让我做自己喜欢做的事情。正是这样的"理"，引发了小作者像情人一样依恋、感激父亲的情感。这样，理、事、情自然融合，父亲的形象就丰满了。

三、借助想象表达独特的体验

世界上很多东西是人类的其他感觉器官无法触及的。想象力作为一种创造性的认识能力,可以"思接千载,视通万里";可以"精骛八极,心游万仞"。凭借想象,人们可以遨游在无比广阔的思维太空,表达出异彩纷呈的独特体验。

1. **课例分析**

的确,我不可能看见月亮从松树后面爬上天空,悄悄地越过中天,为大地铺上一条闪光的道路,但我好像知道月光就在那里。当我累了,躺到垫子上,把手放进水中时,我仿佛看见了这照耀如同白昼的月光正在经过,我触摸到了她的衣裳。偶尔,一条大胆的小鱼从我的手指尖滑过,一颗睡莲含羞地亲吻我的手指。

——海伦·凯勒《享受生活》片段

海伦·凯勒盲、聋、哑残疾,身体有很多缺陷。月夜泛舟,与月光同呼吸,和鱼儿共嬉戏,这是被我们很多粗枝大叶的普通人所忽视的事情,可是凯伦不但借助想象感受到了这个月夜的多姿多彩,还让读者体验到一个残疾人阳光健康且愉悦乐观的心灵世界。

作者用"好像知道""仿佛看见了"等词语表明她借助敏锐的触觉和想象感知到了外部世界。同时,运用拟人的修辞手法,使用"爬上""越过""铺上"等动词,描写出月亮逐渐升起的具体过程,又用"悄悄地""闪光的""照耀如同白昼的"这样的修饰性词语,使得月亮皎洁而富有情趣,展现了作者感受到的梦幻与生机;再用"滑"字状写出了鱼儿轻捷地从指尖溜走时的活泼"大胆",触摸鱼儿时的惊喜与欢乐,融情于景,表达了自己月夜泛舟时的享受。

2. **知识运用**

学习《享受生活》借助想象表达自己独特体验的方法,写一写自己欣赏到的某一处大自然美景,表达自己独特的感受和体验。要求:

①运用拟人等的修辞手法,让想象更加生动具体;
②多运用修饰性词语,让想象的世界生动有情趣;
③融情于景,表达自己独特的体验和感受。

3. **习作评点**

稍微长大些,我已不再有那种单纯的心境了,可我还是爱看星星,爱看星星的眼神。在那一颗颗遥远的星星上,有清冷的光遗世流转,如水,如风,如烟,有花开刹那的灿烂,也有倚楼听雨的清寂。她们用最美却最远的眼神注视着世人,温柔,而又沧桑。即使远隔九天,我也能感觉到,眼神的温柔鼓励,催人奋进。谁说青冥苦寒,星月无情?虽一居于碧落青天,一居于红尘浊世,但她们,是我最真挚的朋友。

——学生习作《遥远的眼神》片段

习作写自己长大了之后观星的情景和此时的体验与感受,富于联想和想象。先是由星光的遗世流转想象到花开的灿烂,倚楼听雨的清寂,并用水、风、烟作比喻,表达内心梦幻而美好的独特感受;用拟人的手法,写星星眼神的温柔与沧桑,融入了自己对生活的体验;"清冷的""亘古不老的""花开刹那的""倚楼听雨的"等修饰性词语,融情于景,既突出了星星的眼神的遥远与美丽,又让读者具体感受到了它的温柔而催人奋进,表达了作者对星星的喜爱和赞美,既有诗情画意,又富有感染力。

叶圣陶先生说:"一定要把知识跟实践结合起来,实践越多就知道得越真切,知道得越真切就越能起指导实践的作用。"由知而行,由学而用,充分发挥教材的例子作用、样本作用、凭借作用。"知道一点做一点,知道几点做几点,积累起来,各方面都养成习惯,而且全是好习惯,就差不多了。"

第五章

回望：了解学生，看清自己

1. 习　惯

不止一次教初一了，可是还是不适应！

上课的预备铃声响了，习惯性地缓缓走到班级门口："怎么一片寂静啊？朗朗的读书声呢？"我疑惑地看着坐得端端正正的稚嫩的学生。

课代表也瞪大眼睛盯着我："王老师，怎么啦？"她又突然恍然大悟的样子："哦，是我忘记了！"

于是，教室里响起念经一样的读书声。

这一刻，异常怀念刚刚毕业的娃们，那时，课代表会在预备铃声响起后带领同学们很有感情地朗读，有时，我会不忍心打断他们，非得等他们把一篇很长的文章读完之后才起立上课。

上好课之后，批好作业，等着课代表来搬掉，说好了两节课后到我办公室来看看的，可是，我新上任的课代表却不见踪影，派经过的学生叫了几遍之后，总算急匆匆地赶来了！再一次耐心地叮咛："每天上午两节课之后一定要来看看要不要搬作业了；中午自习之前也来找一下我！"课代表忙不迭地点头。

可是，中午的时候还是我自己把抄写本搬到三楼，课代表正和同学眉飞色舞地神侃。看着他们开心幸福的样子，原本想要生气的我一下子原谅了她。真让人哭笑不得！唉，只能怪我们学校呀，中午就让学生玩玩嘛，上什么自习课呢？！这些刚刚从小学上来的孩子们真的很不适应呢！

下午放学的时候，两个班级都还有10多个学生没有把订正好的词语抄写本给我看,只有等到明天再催他们上交了!

从初三到初一,真的很不适应。原先,课代表会催着我要抄写本,他们中午要订正呀!现在,什么事情都免不了三请四请的。心里面失落的……总觉得以前的学生让人很省心呢,像这种小事情是绝不会拖拖拉拉的!

看来,还得好好培养课代表,好好培养学生的学习习惯呀!

习惯,真是个好东西!它会让一切都井然有序地运转,而不需要再花多余的心思。

可是,看着这些生动活泼的孩子们三年之后像上一届一样,一切都按照我们的意志有条不紊地运转,我也不能开心起来。

2. 经历并体验——生命的必须

接近期末,正在紧张地备考,已经没有多少上课与课间的区别,反正我是一律在埋头工作的:批作业,批默写,准备讲义,备课,督促学生重默……

又是一个繁忙的课间!下课铃才响,学生就已经涌进了办公室,他们也要抢一个地盘才能安心重默。这一届学生基础实在不咋的,我的身边一下子就水泄不通了!嘈杂中,听到一声轻轻地呼唤:"王老师!"

我诧异地回头,禁不住惊叫:"啊!"

眼前居然是上一届刚刚毕业的朋!不是没有考取高中,回老家读书了吗?千里迢迢之外的他,怎么会出现在眼前?!难怪声音是那么的熟悉!这几天由于中考放假,毕业的学生陆续回校看老师,难不成他从老远的外地飞来的?

好不容易打发完自己身边重默的学生,才有机会跟他好好聊聊。原来他在老家退学了!读不进去,大概又发生一些事情,日子很难熬,就退了。退学后,又来到昆山的父母身边,开始了打工的生活。他先后做过几种不同的工作,现在正在酒吧打工,底薪1200元,加上提成,大概一个月3000—4000元的收入。

想想初三时候的朋,一直很另类的,故意蓄着头发,眼睛深深地躲藏在长长的刘海后面,为了剪头发,我与他软磨硬缠了不知道多少回,后来还是只能听其自然!后来,更是有家庭矛盾冲突爆发,怄气离家出走,找人不着,还有参与打架事件等一系列的风波。好不容易,最后一个阶段定下来,考了个差强人意的分数。我感觉最疲惫的就是这一届了!因为我的体力永远跟不上他们叛逆而无法发泄的多余的精力!所有的思想引导在他们的叛逆和家长的被动面前,都显得那么苍白无力!

看看现在的朋,一改原先颓废的姿态,头发剪得短短的,染了颜色,虽然仍然那么瘦削,但是,说话时眼睛是含笑的,充满自信的,整个人精神了不少,也阳光了不少!

看来,离开学校的他,目前状态还可以。这让我很欣慰。原先,我总是一厢情愿地以为让朋这样的学生静下心来读书才是真正地帮助他们。实际上,缺乏人生阅历的他们也只能被动地屈从于大人的说教与安排,却无法真正理解我们的担忧。所以,初三的他,是在颓废之中毕业的,虽然在我们眼中总算平安毕业了,但是,他的心灵的压抑与不健康的处境,我们却是帮助不到的。

踏入社会的他,短短的几个月就体会到了工作的艰辛,现在,当我带着他感受初三毕业生的生活时,他感慨:"好认真哪!""纯真的生活!比外面的复杂好多了!""真后悔当初呀!"

我问他接下来有什么打算,他郑重地说:"再做两三个月,9月份回老家上高一!希望接下来再也不会逃学了!"这样的话,从他的嘴巴说出来,是社会历练的结果,完全与家长和老师的说教无关!他还跟我说起另外一个同学,是那时候把我折腾的精疲力竭的峰,他也从一中退学了,在社会周转了一圈之后,准备9月份找个学校学点技术,为了以后的谋生。

成长是需要付出代价的。我们有时候不忍心让他们付出太大的代价,所以连哄带骗、软硬兼施地想要避免成长中的学生退学,特别是义务教育阶段。其实,一定时间内的离开校园,参与社会,体验生活,不但比我们老师、家长的说教生动且有效,而且能够从根本上促使处于思想波动期的孩子平静下来,更多地看到真实的自己。

我又想起上上届的那些极其出色的学生,一个班级一半的同学考上重点中学。可是,有的同学回校跟我说:"王老师,我们那时候真是太听话,太纯真了!现在很多同学都变了!"变,是无法阻止的生命成长的必然!我后来反思自己:是不是管理得太严格了,一厢情愿、自以为是地让他们错过了一些应该经历的生活?这对于他们,是不是一种更大的损失?青春,没有纠结,没有冲动,没有动荡,没有让人心痛的失去,是不正常的。该经历的,迟早要体会到的。每个生命,都有他自己的运行轨迹。不到那一步,是不会回头的。其实,我们的有些干预,是否是阻止、耽搁了他本来的轨迹呢?……

让学生去经历并体验属于他们的青春生活吧,疏而导之,但是绝不生拉硬扯。

3. 武断的经验

"王老师,从学校摄像镜头看到你们班的朋居然抱起一个女生!"学校德育处的老师告诉我。

"让他去吧!我已经精疲力竭了!前两天才找他谈心,他还信誓旦旦表示对自己负责呢!"我的怒火已经变成了冷淡的放弃,"再有什么事情,你们德育处就直接把他领过去吧!我已经尽力了!"

从不曾言弃的我已经心灰意懒……

这个学期,我已经跟朋的父母就他的情况交流了五六次了。服装怪异,头发染色,又很长;自习课说话,没心思学习;窜班,作业极其不认真;因为一点小事跟外班同学冲突,差点被打……作为一个毕业班学生,他与我们班级积极奋战的主基调格格不入,甚至影响班风,令班级同学反感。作为他的毕业班班主任,我感到他自从与社会不良青年交往以来,整个人失魂落魄,根本油盐不进,一意孤行,越走越远。

毕业班复习教学的备课任务之重和对上课效率提升的追求已经让我觉得辛苦了,再加上要对班级 57 个学生的状态进行把脉,疲惫不堪的我,就像一架高速运转的机器,需要加油和休息了,对他,我的耐心已经到了极限。

于是,我把精力从他身上转移过来。备课,上课,调整其他同学的状态,为其他同学指出他们存在的问题,提出建议,加以督促,平静而充实的日子,我重新感到与学生一起成长进步的快乐。

不用面对虚伪的应付与千百种令人费解的借口,简单的日子也让我得以重新审视朋的变化。

第五章 回望:了解学生,看清自己

朋是四川来的一个孩子,在绵阳北川地震之后,举家来到昆山,正好进了我们11班。

朋初一进来时基础很差,英语从A、B、C开始学起。他的妈妈基本全程陪同,经过一年的努力,他从班级最后的行列上升到了班级中下游水平。老师们都为他高兴。但是,可以明显感觉到,他对老师和家长有些反感,交流中,好几个任课老师都向我反映过,他明显流露出对老师的不尊重。我因此找过他几次。到初二时,在这方面他也已经有了很大的进步。

我以为,尽管有些曲折与波澜,但是只要有耐心,他是可以继续进步的!

初二下学期,我休病假。那个阶段,他大概处于叛逆厉害的阶段。因为,初三开学我重新开始接班时就发现,从老家四川回来的他,头发已经留得很长,并且染色了。我感到他妈妈已经根本无法教育他了,于是开始联系他的爸爸。而他爸爸的出场,似乎是同样的于事无补。他固执得越走越远,整天和外班、外校的那些所谓的朋友们在一起,以至于老师们都觉得他已经无可救药了。

据他爸爸说,这个学期有将近一个月的时间,他每个周六都溜出去,晚上11点之后才回家。

看着他又滑到初一进来时的成绩,又整天在外面玩,同时,比以前更爱面子,爱出风头,我以为,一定是外面的诱惑太大了,才导致他无法安心学习。

后来,我发现他不羁的眼神里落寞得像斗败的公鸡一样,他表面看起来很开心,对学习无所谓,但是很明显,他很失意、很无聊。他甚至开始在自习课时睡觉,有时早自习时也犯困。现在,连我也认为只有等他自己什么时候醍醐灌顶,猛然醒悟了!我不准备再找他了解情况了,因为一定又是谎言与应付!

但是,我觉得还是要跟他爸爸说一下他在学校的情况。至少,让家长知道孩子的变化,至于教育的无力,我也无可奈何了。

电话接通,我大吃一惊,原来,他已经一个礼拜没有回家了!一直住在外面!

原来在家里与他爸爸闹矛盾了!现在的孩子,到底怎么啦?我断定,肯定是他蛮不讲理啦!因为他爸爸是挺温文尔雅的一个人。

他家里居然让他在外面住了一个礼拜,没有与我联系,看来一定是气坏了!我想,还是有必要帮他们协调一下紧张的气氛。朋在外面越久,对他自己伤害越大。十五六岁的男孩子,毕竟还缺乏必要的理智,而且他太爱面子了!

班会课之后,我把他叫出来,跟他聊了一节课。原来,是家里父母教育观念的冲突让他无所适从,父亲的暴躁让叛逆期的他难以忍受,母亲也是在他们父子的僵持中左右为难。父母彼此也经常发生冲突。可怜的他,根本感觉不到家庭的温馨。原来,一直以来,他的心理需求都处于无人理解与疏导的状态之中,我还一直以为他是玩物丧志、交友不慎,才到今天的地步呢!他的无所谓与虚于应付都是对家庭的不满与反抗而已!我在发现他的种种反常之后,过于相信自己的眼睛所见的事实,过于依赖自己多年处理问题学生的经验而进行武断的推论,我始终没有发现他的家庭之中真正的问题所在。他爸爸的表面与他所叙说的实际实在相差太远。所以,我联系他的爸爸,也是好心办了坏事情!

经验,虽然在大多数时候可以帮助我们进行准确的判断与合理的决策,但是如果一味依赖经验,也是会犯错的。错误与经验同在。班主任工作,需要以一种更加审慎、更加全面的方式来应对每个学生的点滴变化,这样才不致失之偏颇。

4. 两种演讲,一种态度

一、姜同学篇

姜同学是班里有名的"知识分子"——齐肩短发,干练的刘海,厚厚的黑框眼镜使她并不很大的双眼显得深邃而有神。

姜同学此时正站在台上了,她讲的是《青铜葵花》。她身着一件灰黑色T恤,下身套着条宽松运动裤,双手撑着演讲台,时不时抬起头看看底下的观众,一改之前几位选手"埋头苦读"的作风,显得沉稳而放松。

"苦难是永恒的,我们不必为自己的一点点苦难而大惊小怪,我们需要的是一份面对苦难的坦然。"姜同学被小说中两位主角的坚强勇敢打动了,她的头抬得高高的,熟练地推推鼻梁上的眼镜,她口中所讲的每一个字都像是投进同学们心湖上的石子,引得他们个个都震颤了心灵。

姜同学越发感动了,她以更为洪亮的声音完成漂亮的收尾。末了,台下同学似乎还沉浸在书中淳朴善良的世界里,鸦雀无声,随即又爆发出热烈的掌声。

姜同学自然地一笑,满意地走下了台。

二、顾同学篇

顾同学是典型的沉默分子,他平时不声不响,这次像是被硬推上赛场的。

顾同学慢吞吞地拿着稿子走上演讲台,时不时拽着衣服上的纽扣,显得紧张不安。他选择《格列佛游记》一文开始了演讲。

教室里这会儿连底下几个同学的窃窃私语也听得一清二楚,顾同学的声音就像是被张布盖住了那样细,同学们显然已经不耐烦了。急性子的男生忍不住咳了两声,这下,顾同学小心翼翼地稍稍抬眼看看观众,又像是被这低到谷底的气氛吓住了,蓦地,脸色突然涨红起来,他停了下来,面庞的晕红迅速蔓延到了耳根子处。我垂下了头,不忍看他手足无措的样子。

越发安静了,安静的连时光也停下了步伐。那些个活跃分子带头拍起手来,掌声是细弱无力的——没有多少人愿为这样的自卑者鼓掌。

顾同学却似乎是被拉起了力量,他猛地深吸一口气,用微微颤抖的手胆怯地推推眼镜,随后攥紧了稿子,铆足了气力……

最后一字终了,台下同学稀稀疏疏地鼓起掌来。他的声音在我听来变得更高更响了,足以让我为他送上最热烈的掌声。

顾同学笑一笑,终究满意地下了台。

两种是截然不同的演讲方式,自信或是不安,两种却是同样的态度,后者虽是停停又走走,但尽管如此,他所看到的、收获到的却是更多的风景,这与前者一样值得我们认同。

5. 没有错过

头重脚轻的,我都想取消今天下午的读书报告演讲会了。

但是,评委都请好了,奖品也买好了。学生时不时地来问我:"老师,具体什么时间?"那份热情与渴望、紧张与兴奋,我不能无视。

但是,脑袋胀得厉害,想想报告会的事情,有点自寻烦恼的味道了。

也不知道年级里面参加演讲的同学准备得怎么样了,如果大家也就糊弄一下的话,我就彻底地是没事找事干了。

硬着头皮抱着一份试试看的心态,我决定如期开展活动。

演讲会的地点在四楼的美术教室,我上楼的时候,教室外面已经围满了人,没有喧哗,只是静静地等待。疲惫的我,忽然有了精神,因为学生的期待。

读书报告演讲会,在下午第二节下课后准时开始了!

到底是年级里选出的种子选手,一开始就让人眼前一亮,挺有感情的嘛!前面几个同学都做到了脱稿演讲。

我最怕的就是像初赛的时候一样,大部分同学都是拿着稿子读的,而且读得疙疙瘩瘩。

一字一字,掷地有声,感情充沛的李炎达,把我们带进了他的心灵世界;自信满满、阳光大气的崔祝融,表达了她自己对苦难的理解……静听大家的声音,感觉到心灵与心灵交流的坦诚,感觉到阅读的力量,感觉到学生的可爱……

也许有的学生还是无法脱稿演讲,也许有的同学对所读的书的理解还不够准确与深刻,也许有的同学上台时还是战战兢兢……但是,他们都勇敢地站在台上以流利生动的语言展示了自己的读书成果,展示了他们自己,也展示了他们所在的班级。这份勇气与努力是值得尊敬的!这份精彩与大气是值得喝彩的!

嗯,年级里高手如云,不可小觑呀!真希望更多潦草应付读书报告会的同学看到大家的表现,以后也珍惜类似这样的锻炼机会。

因为有精彩,所以我觉得辛苦一点也是值得的!

也只有相信学生,才不会错过一些没有预约的精彩!

6. 让我痛并快乐着的娃们

考完了,这两天,想到那些不知天高地厚的娃儿,觉得还是记下一点东西吧,否则,留下的只有空洞缥缈。

中考的第二天,数学考得大家灰头土脸、捶胸顿足!

傍晚，男生宿舍超等在晚自习之前在二楼楼道踢足球，满头是汗，被老师抓住。

问："怎么在楼道疯？多不安全！"

答："因为楼下的地面是湿的，在下雨！"

当天晚上，晚自习之后，据说为了继续放松一下压抑的心情，全体男生又在九点半到十点之间在宿舍放声高歌，遭到宿管阿姨一顿批评。

中考第三天一大早我就收到上述两桩投诉，因为马上要考英语和化学，我只找个别同学了解了一下情况，发现他们只是不知道如何释放一下压力，尽管没有考虑其他人的感受，但也不是什么十恶不赦的，看他们认错态度良好，所以暂且放过，提醒他们细心答题。

没想到，中午又有阿姨告状，说怀疑昨天宿舍的人报复她，放了她电瓶车的气，还戳了一个洞！我不禁怒火中烧：怎么做出这么下三烂的事情？不可能吧？！我耐着性子听阿姨说完，原来她的证据是中午看到有我们班男生宿舍和其他宿舍的学生进了宿舍，她的电瓶车正好在这期间遭遇飞来横祸，所以怀疑是我们那个男生宿舍的人干的。

我决定帮她调查清楚。查下来，只有润一个人中午回宿舍拿吃的。我让他为自己辩护一下。他说："我们男生昨天冒着雨把我们不要的书从这边三楼搬回宿舍，送给那个阿姨，给她卖纸，她还高兴得要请我们吃冰激凌！我们如果恨她，还会这么热情地帮她吗？"是的，冒着雨，从学校最前面一栋的三楼，到学校最后面一栋的一楼，的确挺辛苦！而且，他们的书很多，很重，如果丢在教室等蔡师傅上门回收，一点力气都不用出，多轻松啊！他们何必冒雨帮阿姨呢？我愿意相信他的辩解！而且，他是个品行很好的娃，贪玩一点而已吧！

但是，没有昨天的不愉快，阿姨也不会怀疑他们了，我还是批评了他们太自我，而不考虑别人的感受！毕竟宿舍是集体生活，不好喧哗的，特别是在大考之前！考试期间还按捺不住浮躁，沉静不下去，怎么考出水平？！

瞧，这就是这一届学生的一个缩影，考试期间还不让我省心。他们贪玩，大部分都很以自我为中心，又外向活泼，经常让你哭笑不得，挠破头皮，身心俱疲！可是他们天真，善良，他们彼此较劲，懂得拼搏，运动场上和学习上都拿下很多第一名，又时常让你感觉到青春洋溢的激情与热闹。跟他们相处的三年，是痛并快乐着的三年！

7. 偶遇——耐心守候

晚上在玉峰吃年夜饭，大家聊得正欢，忽然一个声音响起："王老师！"

我抬头一看，吓了一跳，一位大帅哥正笑眯眯地盯着我，"还记得我吗？"

好熟悉的一张脸啊！脑海中迅速地闪过好些个以前教过的学生的姓名，但是总对不上号，只得不好意思地说："很熟悉，但是记不起名字了！"

"徐巍呀！"

啊，徐巍！怎么能忘记呢！我的第一届11班的学生，很喜欢打篮球，还曾经想要冲刺重点高中。现在已经这么阳光帅气了！原先总感觉他有点叛逆和迷茫。

时间真的特别能够打磨人，现在的他已经大学毕业准备参加工作了，女朋友也找好了。真为他高兴！原来，他也在玉峰吃饭，看见我们这边打着"葛江中学"的横幅，所以就进来看看以前的一些老师。

呵呵，到底是长大了，有了感恩之心，要是原先看见我是要逃掉的。

又想起前阵子，我和老公在英派斯健身时居然遇到了第一届11班的杨勇杰，那个一直要被我带在身边的、要重默的、憨实的小伙子。他热情地聊起当兵的日子、入党的经历、现在的生活。看着原先那个寡言少语又自卑的小孩，现在变得讲话滔滔不绝，做事踏实卖力，我不止一次地感慨生活的力量之强大！

他们都不属于学习出色的学生，特别是杨勇杰，刚刚参加工作时的我，曾经对他非常失望，我痛苦：他怎么学习上总是不入门的呢？！可是，经历了青春期之后，特别是度过当兵的生活和踏上社会的日子之后，他不是一下子就成熟了吗？

看着眼前彬彬有礼、性格开朗的徐巍，再想想如今老练实干的杨勇杰，我进一步坚定了教育有时就需要耐心守候。

当自己所有的教育努力都显得苍白无力时，不要轻易地否定自己曾经的付出，也许付出暂时没有回报，可是它会积淀在那里，或被扬弃，或与其他的因素融合，给人新的转机。

我们的付出,虽然期待回报,却不仅仅是为了回报。在教育的过程中,我们自己就在慢慢成长。这不是最大的回报吗?

慎重对待教育,慎重对待每一个需要关注的生命,让我们的爱分配得更加均衡、更加公正一些! 不可能没有遗憾,在努力减少遗憾的过程中我们和学生一起在历练生命!

一个人的成长是多方面因素的合力,大可不必因为学生暂时的不尽如人意而对自己灰心丧气。坚持,耐心,给他们成长的时间与空间。他们总有一天会长大懂事的! 学会慢慢等待、静静守候吧! 拔苗助长注定会是一场悲剧!

哦,人生不就是一份份等待吗? 耐心守候每一朵生命开花,该是教师的幸福吧!

8. 还有什么理由不快乐?

这几天身体不大舒服,每天拖着沉重的身体到学校,机械得连应付日常工作都觉得负担太重。

早晨照例推门踏进那堆满各种资料毫无生机的办公室,小易已经开始批改昨天的回家作业了,我的桌上也堆着一叠《拓展》。很想提点劲头来做点事情,却忍不住长叹了一声。

七点一刻,要是这会儿躺在床上,闭上眼睛,沉浸在梦乡,该多轻松啊!

放好包,泡好水,坐下,眼睛从《拓展》瞟向窗外。康乃馨! 田老师捧着一大袋康乃馨和一叠红颜色的纸笑眯眯地来了!

"节日快乐!"看着田老师真诚的笑容,我的心情一下子开朗了! 拥抱了一下,感觉真好!

本来想老公出差了,今年的三八节算是寂寞了。没想到一大早就给我带来了好心情!

真是个细心贴心的田啊!

中午,腿都软了,真累! 把躺椅准备好,休息一下再说吧!

"节日快乐!"办公室的夏兴冲冲地进来了! 每个人三根香蕉,一个香梨,还有甜甜的甘蔗,一一给我们送到桌子上,放好。

易说,我今天是无心地请你们吃了雪莲果和瓜子,夏是真正的有心呢!

是的,难怪他吃好中饭就不见了,原来是特意跑出去给我们买水果去了!好感动哦。

太阳底下,我和王老师啃着甘蔗,开心地等着在班级的季回来一起再乐和乐和。

有几个有心的同仁一起工作,真不错哪!

拖着自己已经软绵绵的躯壳回家,才放下包,乐乐就从隔壁跑过来抱住我的一只腿,抬起头眨巴着眼睛喊:"妈妈,节日快乐!我来帮你捶背!"

所有的疲劳一下子消散了,还有什么理由不快乐?

晚上,将近九点了,出差一周的老公从深圳赶回来了,他拍拍我的肩膀:还没有错过这个节日!呵呵!

9. 2009,激情奋战的日子

2009年,值得书写的是一段又一段激情奋战的日子。

乐乐给我的痛与乐

2009年,我一个人在没有老人的帮助下自己带乐乐,有三段时间:寒假、国庆和偶尔几个周末。特别是寒假,没有公婆的帮忙,也没有我妈妈的辅助,我居然没让乐乐感冒,真是一次大的进步!后来称体重,乐乐居然长了两斤!看着乐乐长大,是一件多么幸福的事情,这给了我巨大的勇气和动力!

但是,也有一次特别失败的。国庆期间,我和老公居然让乐乐的感冒变成了肺炎!由于害怕麻烦,我们三次跑到中医院去帮她看病。结果,到10月5号到苏州儿童医院时,乐乐已经喘得很厉害,医生说,立即住院!于是,有了我10月份的一连几个无眠之夜。看着乐乐发烧不断,我的心被折磨得发痛,却又无能为力!

在对乐乐的尽力关注中,我终于知道了做一个母亲的不容易!她的健康与微笑,是我最大的心愿!

工作学习上的充实与收获

2009年的夏天,我报考了苏州大学的教育学硕士,备考的日子,充实而快乐!

7月份,去了南岳衡山,感受了山的厚重;8月份,游了厦门,感受到鼓浪屿的浪漫与温情。

其余的时间,就是在与教育学、心理学和英语的较劲之中。从刚开始的上午、下午都只能看一个小时书,到后来的能看两个小时,我花了一个礼拜!惰性,经常把我的计划打乱得一塌糊涂。但是,两个月我坚持下来了,并且感觉到知识复苏的快乐!

9月份,开学工作,暑假之后的班级稳定工作,一个字:忙!

10月份,乐乐住院15天之后,10月23、24、25日,迎来了第七届NOC网络团队赛。整整三天,在那封闭的环境之下,感受着来自全国各地高手的精益求精的追求,身为葛江中学初二语文团队队长的我,感到了肩上的担子之重!精神高度紧张。在与陶和许的团结奋战之下,我们最终拿下了全国一等奖。紧接着到10月31号的教硕考试时,我已经一个月没有时间看应试的书籍了,于是,争分夺秒地临阵磨枪,一天的考试就把我弄得晕头转向。31号晚上,疲惫不堪的我发烧了,吃了同事冯带的药之后,第二天又上了战场!最后坚持与努力,居然让我考了217分的总分,也就是说有98.5%的考生的分数在我之后!真是惊讶而欣慰。考前的坦然与积极进取的心态以及同事、朋友的鼓励,是这次成功的重要原因。

与疾病全力奋战中的珍惜与豁达

2009年12月份,在经过一年多的寻医与犹豫之后,我终于不得不把肝内胆管结石处理了一下。上海瑞金医院的彭承宏医师和他的博士生陈医生以及医院的其他医师和护士乃至护工、病友,都成了我这一年在年末结交的朋友,我至今在心底深深地感谢他们。

曾经同病房的72岁的上海老师傅,肝硬化30多年,居然乐观地生活了30多年,直到前两年才停止工作,现在还笑呵呵地来做胆囊切除术。他亲切地叫我"小昆山",他的哈哈大笑,让我紧张的神经轻松起来。

做胰腺手术的浙江伊阿姨直接叫我的名字,就像叫她自己的女儿一样。没有做手术之前,我们一起去看其他的病友,一起等着吃饭,一起关注最新的病友们手术之后的病情发展状况,然后,我们彼此鼓励对方:"哎呀,没事的!相信不会有生命危险的!痛苦还是会过得很快的啦!呵呵!"

还有那两位护工,每天一有空就快乐地跟我们说她们与耶稣的故事,那份神奇与虔诚让她们的心中充满了大爱,充满了对生活的乐观、对人性的信任。

做手术之前,同样是来自浙江的那一家子婆婆、媳妇、爷爷,还有一大圈的亲人,他们默默地为我祈祷。当那位慈爱的婆婆握着我的手时,我感到自己似乎浑身轻松舒畅了。

最终,彭承宏医师给我做的右半肝切除术成功了!我感谢他,真不愧是病友们所说的"华东第一刀"啊!

我身边的学校领导、同事、朋友给我的照顾,更是令我难忘。记得那时,江挺着大肚子来了五六次医院;紧张的学校工作中,同事们和领导们开那么久的汽车来看望我;大雨天,田来接我……

在手术之后胆漏炎症高烧等情况的反复之中,特别要感谢妈妈的悉心照顾和老公的不断鼓励!当我在手术室四五个小时还没出来时,一向不掉泪的妈妈哭了;当我手术后白细胞到3000多时,老公白天工作,晚上还天天从昆山赶到瑞金守夜;我躺在病床上屁股起了老茧时,妈妈就一连几个小时一直给我按摩翻身……我终于知道,生病时最受连累的是自己最亲的人!为了家人,我应该好好照顾自己!原来,我早已不只是属于我自己,我更多的属于家庭!是的,人的本质属性是社会性。

太多太多的故事,发生在瑞金的36天之中。

在与疾病的奋战中,我放下了一些荣辱得失,顿觉洒脱清爽!

在与疾病的奋战中,我学会了珍惜。珍惜自己的健康,珍惜别人的经历,珍惜我身边的每一份真挚的感情。

2009年,我总算知道了要怎样爱自己、爱他人!

10. 2010，重新开始学做一个老师

唯物辩证法的否定之否定规律告诉我们，事物的发展是通过它自身的辩证否定实现的。一个结论只有被证明是错误的，才有可能有新的发展！只有看到自身发展的瓶颈并否定过去的自己，才能突破旧我，开始新的旅程！

过去的我，以班主任工作为第一要务，以学生的变化发展为我的第一工作重心，我的一切行为随着学生的变化而变化，我的喜怒哀乐随着学生的情绪起伏。小到教室里的一片纸屑，大到学生的思想转变、家庭氛围、社会风气的影响，都在我这个班主任的考虑范围之内。我乐此不疲，因此我的勤勉上进众所周知。

各方面的严格要求促进了班级整体进步，但是同时也必然以牺牲部分学生的个性发展为代价。细节问题的完善与处理，固然将问题扼杀在了萌芽状态，可是也剥夺了学生自己处理分歧的机会……

对于自身的发展来说，在班主任工作方面倾力投入，在教学工作方面必然少了一些思索与研究；教育工作方面的付出，是以对社会和人生的极少关注为代价的，因为精力有限。而对社会和人生的极少关注，必然导致看待教育的视野的狭窄化，导致短视而浅陋的教育教学行为产生而不自知。

2010，我终于经过痛苦的自我否定，重新开始学做一个老师！

学做一个快乐而专业的老师。我开始注重我的学科教学专业的学习与思考。我不再凭经验教书，不再依赖电脑和以前的备课，我开始重新阅读以前的一些经典教学理论，并不断地阅读新的科研成果。阅读让我从烦琐的批改作业中解脱出来，我知道自己需要形成自己的教学特色。事实上，我已经积累了一些自己的思考。我走在专业发展的路上，比以前教得快乐而自信。

教师行为代表一种生活方式，这种生活方式会潜移默化地影响学生的学习兴趣与学习方式。我希望我的专业的钻研与快乐的生活，能够让学生形成科学的态度与积极的状态。

学做一个视野更加开阔、思维更加开放而深刻的学习与研究型老师。这一

年,是我的理论学习最为勤奋的一年,我在苏大教育硕士学习班再次系统地学习了教育学、心理学和学科教学方面的知识,只要有时间,我就在书海遨游:政治、经济、科学、社会学、女性、理财、健康、育儿,等等。我在阅读中贪婪地积累,我的论文《加强朗读教学,提高课堂实效》获得苏州市语文教学分会论文评比二等奖,我在昆山市语文教师把握学科能力竞赛中获得一等奖;在苏州市把握学科能力竞赛中获得二等奖;而且,被评为"苏州市指导学生自学先进教师"。

是的,我和学生一样,是一个有待成长的人。我发现自己永远需要改进,永远是不成熟的。

从这个角度说,教师不仅代表一种行为,更是一个过程,一个上下求索、不断完善的过程。

我庆幸,工作9年,在容易自我满足、止步不前的时候,我开始重新学做一个老师,一个快乐而专业、学习与研究型的老师。

我会带着自信与畏惧,继续探索实践我想要的教育生活。

当然,健康是第一保障!

11. 2011,这一年的教学路程

站在2011的年末,回首这一年以来的教学路程:认真读书24本,读杂志48期;为写教育硕士论文看书若干;在读书会写文章39篇,共69024字;实践语文教学大事27件。

欣喜地看到自己真的开始起步了!这种感觉,真好!

阅读成为需要

这一年,感谢老刘和读书会的成员,大家互相督促,让我告别散乱随意的读书方式,开始朝专业发展的方向阅读。从余映潮到孙绍振,从蔡明到管建刚,从郑桂华到王荣生,从一篇篇文论到一本本厚厚的著作,从教学案例的学习到教学理论的探讨,我从一位位热心教学的前辈的著作中吸取营养,看到了自己的不足,也找到了自己的方向,逐渐走上了专业阅读的道路。

专业的阅读让我在语文教学中有了自己对文本的理解,摆脱了人云亦云的窠臼。

教学学生立场

这一年,从在二中《口技》的教学开课到在吴江《背影》的教学展示,我从强势的自我表达逐渐转向更多地让学生表达;从教学环节设计的步步为营掌控转变成开放设计、简化环节;在教学内容选择上,我由从"教师需要"的角度取舍转为更多地"以学生需要的角度"删繁就简。

相信学生,放手发动学生,我的课堂,多了一些学生的思考、质疑与表达,多了一些师生交流的快乐。我和学生一样期待上课,喜欢上课。我知道只有教师充分深刻地解读文本才有可能走向更加自由开放的课堂生活,因此要继续提升自我。

思考伴随生活

这一年,阅读与实践,刺激了我的思考。我及时反思和思考我的教育教学工作和我的人生之路。于是,有了我的疑惑与畏惧。

我疑惑的是:在教育教学生活中,为什么有的老师教学生知识、真理,迎来的却是嘲笑、讽刺;有的老师,教学生非知识的,哄学生,欺骗学生,迎来的却是掌声!我们应如何合理定位教育理想:既要有理想,又要有所宽容?我们又应如何合理定位教师的角色:教育者怎样才能被受教育者所接受?

这一年我开始畏惧教育。因为,我发现,教育的理想是教人求真、善、美,现实中的教育,却永远是残缺的。教育存在风险!慎重对待教育,我们需要思考自己对学生的教育给学生、给他们的家庭带来了什么?

写作成为周末的习惯

这一年,沉默的我开始说话,开始交流,开始表达。其实,学生时代的我本是个挺活跃的演讲者和写作者。但是工作之后的紧张与忙碌让人失语。

这一年,我开始发出自己微弱的声音,表达自己也许并不成熟的见解。在读书会的写作,是我表达的方式之一,上半年写作总计25440字,下半年写作总计43584字,这一年,在读书会总共写了69024字。三篇论文发表获奖。虽然还不多,也不够精彩,但是它已经让我在周末的写作成为一种习惯。

用写作表达自我,及时反思和总结,关注自己的心灵成长和学生的心灵成长,过充实而富有挑战性的课堂的日子,快乐且惬意!

教育是自我的实践,是认识自己的过程。在阅读和写作中,希望大家都走得更远,飞得更高!

附:本年度语文教学的27件大事:

1. 2011-2《寓学生心理健康教育于班级文化建设》发表于《苏州教育研究与实践》第二期

2. 2011-3《在常态课中加强朗读教学,提高课堂实效》发表于《才智》第三期

3. 2011-3-29 昆山市二中 读书会全市公开课《口技》

4. 2011-4 前往镇江大港中学参加全国名师讲坛学习

5. 吴江实验中学教学活动

6. 教委听黄厚江老师学术报告

7. 木渎实验中学初三教研活动

8. 2011-5-4 被聘为昆山市语文学科青年协作组成员

9. 2011-6-17 初三中考,我的第三届学生毕业了!

10. 2011-8-10 国际学校"首届儿童写作课程暑期培训班"

11. 2011-9-1 迎来我的第四届学生。因为身体原因,卸下了班主任工作,开始纯粹的语文教师的教育教学生活。欣喜!

12. 2011-9-28 二中 同题异构区际交流初中语文作文教学交流与研讨

13. 2011-10-11、12 葛江"青年教师大比武"听课

14. 2011-10-11 国际中学听刘恩樵老师的《雁门太守行》磨课

15. 2011-10 苏州草桥中学"活力课堂展示"听课

16. 2011-10-24 葛江上《背影》宋静娴老师带领学科中心组成员帮助我磨课

17. 2011-10 二中听董永龙博士的报告

18. 2011-10-31 吴江上同题异构课《背影》,收获颇丰!

19. 2011-11-15 石浦中学 读书会成立一周年,交流、听课、讨论学生立

场的语文教学

20. 2011-11 昆山中学听傅嘉德老师上《药》,享受!

21. 2011-12-8 苏州市中语会年会:听课、参加论坛、听孙绍振老师有关文本阅读的报告,引发思考

22. 2011-12-10 镇江 中学语文名师成长论坛 听王君、梁增红、李卫东、余映潮等老师的课和报告

23. 2011-12 初一(9)(10)我看《论语》、我看《世说新语》活动开展

24. 2011-11 参加昆山初中语文命题竞赛获一等奖

25. 2011-11 论文《初中语文教学要重视学生直觉思维能力的培养》获苏州市二等奖

26. 2011-12 昆山市初中语文学科带头人资料送审中

27. 苏州大学教育硕士毕业论文写作中

12. 2012,开始起步的教育教学研究之路

站在2012的年末,回首这一年以来的教育教学路程:在个人学习方面,认真读书24本、杂志48期。顺利完成苏州大学的教育硕士论文写作和答辩。在读书会写文章32篇。在指导学生方面,指导吴露露同学写作的《给你的情书》荣获第二十届"神笔杯"全国作文大奖赛初中组一等奖;指导王琪瑶写作的作文获昆山市"小琼花"作文大奖赛特等奖。

阅读成为需要

这一年,我继续跟随老刘的脚步,跟读书会成员们一起互相督促,彻底告别了散乱随意的读书方式,朝专业阅读的方向更进一步。从孙绍振到钟启泉,从林东海到周振甫,从王荣生到叶圣陶,从理论知识的学习到课堂操作的实践,我从各位前辈大家的著作中贪婪地吸取营养,阅读,实践,反思;再阅读,再实践,再反思。如此循环往复,我看到了阅读的力量,于是乐此不疲。

专业的阅读让我在语文教学中有了自己对课堂的理解,摆脱了人云亦云的

窠臼。我在 2012 年 3 月到 4 月之间参加"国培计划"义务教育骨干教师远程培训项目学习，成绩优异，被评为"优秀学员"；我带领初一语文组的许璟和陶梨老师获得了昆山市首届"命解评"大赛的一等奖，获得苏州市首届"命解评"大赛的二等奖。

教学学生立场

这一年，我从强势的自我表达逐渐转向更多地让学生表达；从教学环节设计的步步为营、霸道掌控转变成开放设计、简化环节；在教学内容选择上从"教师需要"的角度取舍转为更多地"以学生需要的角度"删繁就简。我的课题研究课《筑路》通过双优评比的初赛，获得好评，正积极准备复赛。

相信学生，放手发动学生，我的课堂多了一些学生的思考质疑与表达，多了一些师生交流的快乐。我和学生一样期待上课，喜欢上课。我知道只有教师充分深刻的文本解读才有可能走向更加自由开放的课堂生活，我更知道只有基于学生立场的课堂教学生活，才有可能焕发活力。我将继续提升自我，继续为探寻更有意义的课堂生活方式而努力。

思考伴随生活

这一年，阅读与实践将我的思考引向了深入。我及时反思和思考我的教育教学工作和我的人生之路。我越来越喜欢自己的工作，喜欢自己所处的环境。我感激生活在自己周围的每一位同仁，他们让我看到了生活的丰富多彩，也让我明白了一些为人处世之道；我感激每一位学生，他们让我在课堂生活中总有新的发现；我感激领导，给了我一些学习的机会和自主的空间；我感激家长，给了我支持与友情……我因此也将自己成长的点滴体会拿出来与大家分享，在"2012 年昆山市暑期义务教育课程改革师资培训"活动中，做题为"我的语文教学成长之路"的讲座。教研室还指派我为陆家中学新教师许露露的指导教师。

写作成为习惯

这一年，我利用周末和寒暑假的时间，完成了教育硕士的毕业论文，并且顺利通过答辩。将近 5 万字的论文，是我开始系统思考研究的见证。

这一年，读书会的每周一文，我坚持执行。四篇论文发表获奖。其中《场面描写绘华章》发表在省级期刊《作文周刊初一读写版》2012年第36期；《鉴赏诗歌之比兴》发表在省级期刊《作文周刊初一读写版》2012年第38期；《品味诗风词韵》发表在省级期刊《作文周刊初一读写版》2012年41-48期；《浅谈小说教学内容的取舍——以同题异构＜社戏＞的课堂教学为例》在"黄厚江本色语文教学研讨会"论文评比中被专家评为一等奖。

虽然我对教育教学的研究还不多，也不够精彩，但是我已经迷上了这样一种不断有新发现的探索之路，希望可以在大家的引领之下走得更远、更开心！

教育是自我的实践，是认识自己的过程。在阅读和写作中，希望自己可以继续深入下去，不断突破旧我，走上新的台阶！也希望可以和更多的同事一起，大家共同享受教育教学的乐趣。

13. 2013，明确方向

不经意间，已近岁末。回首来路，自我感觉这一年走得踏实坚定，自信快乐。

2013，工作十一年啦，庆幸，磕磕绊绊中，找到了自己人生的方向。如果说，过去的十年，我还算一个热爱自己工作的教育工作者，那么，第十一年，应该是成了一个真正明确自己职业特点，并且知道怎么去展开工作、实现自己教育理想的职业人了。

这一年，我将自己阅读的视野转向了更加广阔也更加细致的领域，从《写作思维学》到《哲学的慰藉》，从《史记》到《文章作法》，从小孩的各种漫画以及儿童文学到中外的叙事学，越来越多的阅读，让我接触了越来越多不同的心灵，看到各种不同的世界风情画，感受到不同的人生故事，领略了种种不同的理论声音。我开始懂得欣赏与剔除、提炼与提升。语文教学，需要这样的兼收并蓄。教育工作，需要不断的比较与修正。

这一年，我与更多热爱教育的同仁交流，不断地明确自己努力的方向。特别是跟几十年来一直奋战在教育一线的老教师的交流，让我不但学到了一些思维的方法,而且更加坚定了先学做人、后研究教学的教育姿态,也更加懂得了明确自己努力的方向,淡泊名利,坚持自己追求的幸福。

这一年,我继续被聘为"初中语文学科青年协作组"的成员以及昆山市"青蓝工程"的师傅,并且,作为"青蓝工程"的组长,组织了组里面的两次开课活动;这一年,我担任了张家港市教师招聘面试工作的考官和昆山市教师面试的考官;我在2013年初中语文青年教师基本功竞赛中获得一等奖;在市教科研双优课评比中获一等奖;在教师把握学科能力竞赛中获得二等奖;我撰写的论文《浅谈小说教学内容的取舍》获得昆山市中学语文优秀教学论文评比一等奖;论文《从学生中来,到学生中去》获全国中小学教育科研成果评比一等奖;教案《初中语文 筑路》获苏州市三等奖;辅导张玉参加全国"东方少年 中国梦"首届新创意中小学生作文大赛获初中组一等奖,我被评为"指导教师奖";在省级刊物《家教世界》和《考试周刊》《作文周刊》等发表论文三篇,参加王霆老师组编的阅读系列书《初中语文阅读指导》,成为其中的编委。全市开课《范进中举》《故乡》,受到好评。

时光的脚步不断向前迈进,放下一切,新的一年即将开始,而我也将轻装向前。希望新的一年走得更加健康、自在、快乐!

14. 我的语文教学成长之路:入与出的辩证发展
——致青年教师

我的语文教学成长之路比较简单:2002年参加工作,一年的见习期之后,2003年正式转正;2004年开始纳入123考核,一年一个台阶,到2006年通过三年教有特色的考核;2007年顺利被评为教坛新秀,2008年顺利被评为教学能手;2014年评上"学科带头人"。在职称评定方面,本科毕业一年之后,也就是2003年自动转为中二;满四年之后,2008年晋升为中教一级;2014年拔尖通过中学高级教师的评聘工作。

应该说,作为一名语文老师,我是比较幸运的。一路绿灯,一直没有停下前进的脚步,也没有碰到什么大的挫折。

正是由于自己的幸运,所以当我回顾来路的时候,觉得有太多的东西值得总结和反思。希望在了解我的成长经历后,年轻而激情满怀的你会发现,其实你也可以像我一样比较幸运地一路闯关,享受自己的教学之乐!你甚至可以比我走得更加脚步轻盈,快乐无限!只要你是个有心人。

我主要想从两个方面与大家聊聊自己感受最深的、可能也是促进我顺利成长的关键性因素,我把它总结成"入与出的辩证发展"。

先跟大家聊聊"入"的问题。"入"我这里讲的是"投入"。作为一位语文教师,我是非常投入自己的语文教学工作的。我觉得只有"入情入境",才会有所收获。

那么,怎么让自己"入情入境"呢？我谈六点。

一、适应环境,转变角色

都说万事开头难,的确如此。转变角色,这是首要的。从一个学生到一名老师,从一个只要管好自己的娇娇小姐变成一个要管好两个班级一百来号毛毛头的语文老师,而且要让学生喜欢你,并且努力学好你教的这门功课,这不是一件容易的事情。

因此,首先要从思想上转变自我的身份。我记得当时自己紧张得不得了,开学头一天还花300多元钱在当时人民南路的金莎美容美发会所整理了一下头发,然后,买了一套职业的套装穿回来(现在还挂在衣橱里,基本没有穿过,留作纪念)。

现在想想,其实外在的转变是次要的,把自己收拾整齐就好了,衣着不要穿得太幼稚或者太前卫就好了。关键是心理上的转变。心理上要意识到自己从此就是一个自力更生的普通劳动者了。你必须付出自己的劳动,而且是有效的劳动,才能获得应有的收获。教师使用的劳动工具不仅仅是粉笔和书本,主要是身心的付出,我们的劳动对象是学生,是活生生的成长变化中的人,不是机器。我们其实不是"教书"的,而是"教人"的。所以,这就增加了我们劳动的难度系数,也加重了我们肩头的责任感!

尽管改变了发型,故意把自己打扮得所谓的成熟了一些,我当时仍然是带着满身的书卷气和难以摆脱的孩子般的稚气走上了讲台。但是我的心理上调整好了自己的状态,那就是我是一个老师了,我自信能干好这份工作!我能吸引学生的注意力！我能控制好整个课堂的局面！9月1日，我就这样平静而自信地站在了学生面前。我给自己的第一届学生上好了开学第一课。

为了这一课，我弄到头一天的凌晨一点多钟才睡觉。那时候办公室还没有电脑，刚开学，也没有指定指导老师，也不认识教语文的有经验的教师，发到书不知道找谁帮忙才好。根本不知道开学第一课的《为你打开一扇门》该怎么打开。我备课到一点多，结果写在备课本上的其实就只有一个开头语、一个结束语，中间抄了几个中心句，此外，一片空白。（大家现在这么备课，肯定要被批评，新教师要求写详案。我当时逃过去了，后来期中考试之后被当时教语文的副校长查到了，挨了一顿批！）但是，这堂课我上好了。

开学第一课怎么上的？我首先是课前让学生预习第一课，把自己认为用得好的词语、句子摘抄下来，为课堂的交流做了准备。接着，我很好地发挥了自己的特长——很有激情的演讲和朗诵。所以，我的第一堂课其实很简单，就是首先激情导入，然后投入地朗诵《致文学》，与学生一起分享文学的美好，然后，找出文中的好词好句，品味汉语言词汇的丰富多彩、变化无穷；接着，每一个自然段抓中心句，谈小故事，谈感受，既打开了学生的话匣子，又增进了师生之间的了解；最后，再激情地说一段激励性的结束语。学生沉浸在课堂中。课后，他们说："王老师的朗诵太优美了！"但是，从应试的角度来说，这节课可能没有任何知识点的落实。

后来，我去听了师傅的第一课，她是从标题入手，简介作者，分析文章，思路清晰，注重理解。而我的课则注重朗诵和感悟。现在想想，师傅的课当然是很正规有效的，可我的这堂课也是适合学生、适合自己的呀，我觉得算是有了一个好的开始啦！

其实，开学第一课，并不是"非这么做才行"，你"这样做也可以""那样做也可以"，关键是要适合自己发挥，关键是你确定自己的设计应该是最有把握能够吊起学生的胃口！

总之，多花点心思，上好开学第一课！无论以什么样的形式，只要能够调动学生学习语文的兴趣，建立师生之间的亲密关系，让学生对你产生好感就好了！如果能够佩服你，就更好了！

上好了第一课之后，你就已经迈出了第一步，接下来，你就要——

二、跟班听课,模仿前辈

1. 听什么?

首先,是听基本流程,环节设计。

关键是听每篇课文的重点、难点,思考为什么把这里作为重难点。

其次,要注意老教师把主要的时间放在哪里,为什么放在这里,老教师的课堂主问题是什么,提问艺术!(新教师备课时往往不知道如何恰当地提问。)

有的时候,你在课堂听课时并没有意识到老教师的高明之处,等自己上完之后,会发现自己的有些地方没有处理好,与老教师的一对比,就清楚自己的问题了。因此,我建议听课时能够尽量记得详细一点,特别是老教师的提问要记准确到位。我那时候是连学生的发言也记录下来的。这样做方便了解学情。这个习惯,我一直保持到现在。

2. 怎么听?

主要是要带着疑问听课,下课抓紧时间提问。所以,自己一定要先熟悉文本,尝试备好课了,再带着一些疑惑去听,这样比较有效。这样模仿得更加规范,理解得也更深刻一些。

提醒大家,不要盲目模仿老教师的课,有些东西是学不来的。而且,你的眼睛所看到的,你的耳朵所听到的,也许并不都是精华!我们刚开始时当然是要先规范自己的教育教学行为,这时,榜样的力量是无穷的,这样也最轻松、最迅速。但是,一旦失去自我,盲目跟风,这是比没有规范还可怕的事情。我们那时候是要求新教师一学期听课不少于 30 节,我是基本上一有空课就搬着凳子坐在我的师傅朱凤仙老师的课堂上的,这个过程我受益颇多,少走了一些弯路。但是,我也会经常听听其他老师的课,然后结合师傅的课,加上自己的理解,按自己的方式去展开一堂课。

作为一个语文老师,要教好这门功课,提高课堂效率,关键是自己的课前备课要花费大量的工夫,如果功夫下得不够,可能就会越来越掌控不住课堂,不但无法凝聚学生,可能还会逐渐消磨了学生的学习热情。因此,下面我要重点跟大家聊聊自己这些年来在备课方面的心得。

三、研究文本,精心备课

在备课方面,我是走了一些弯路的。刚开始,第一个单元的备课,我是拿着文本备课的,先看课文,再看教参,然后写教案。后来,我看见很多老教师都是只拿着教参研究,于是,慢慢地我也依赖上教参了,教参说什么,我就往教参方面去想,备课时,也按照教参的观点去设计提问,慢慢地,课文都不怎么看了,直接看教参。每天拿着厚厚的教参研究,然后,把教参上面的知识点搬到课本上,拿着写得密密麻麻的课本去上课。学生回答问题时,我还要仔细看看与课本上写的有没有出入,然后帮他们纠正。这一段依赖教参的日子,是既辛苦又失去自我的日子,以至于我在自己的日记中写道:"每天围着教参和学生的作业转,百无聊赖!"所以,我后来总结:"你的眼睛所看到的,你的耳朵所听到的,也许并不都是精华!"而我,就有那么两年时间相信了自己眼睛所看到的东西,并且盲目地模仿了。这样做虽取得了一点还算可以的成绩,却失去了更重要的东西:自己对文本的理解! 自己思想的快乐!

还好正在我迷信教参的时候,我幸运地遇到了我的第二个师傅,刘春芳老师。刘老师也是一位非常热爱教学,并且很有才气,也很适合教学的老教师。她对文本有自己的理解,每一次去听她的课,都让我觉得有新的收获。她的提醒,让我在备课过程中开始有了更多自己的思考。后来,我逐渐扩大自己听课的范围,跨年级听课。那时候,宋静娴老师的课是我们学校的一块招牌,大家称她的课"每一堂都是精品课!"我们学校刘辉老师的课,很感性! 还有那时候我们张克勤副校长的课,课堂上让学生设计问题,然后快速回答问题,很有自己的一套! 而我师傅朱凤仙老师的课,则是属于条理异常清晰的类型。总之,每个优秀教师的课都有他们自己的特点,都带着他们自己的烙印,深深地印着他们的思考。我记得当时的李红英校长曾经告诫我们新教师:"不仅要学老教师,而且要赶超老教师!"她的教导,也让我意识到了作为新教师,在看教参的同时一定多看看不同类型的课,多投入自己对文本、对课堂的研究,否则,复制教案和复制教参的生活,一定是异常痛苦和郁闷的过程。

那么,怎么研究文本呢? 作为新教师,我们当然要研究考点,要考出成绩,学生和家长才能认可你。对考点的研究,你可以根据一些练习题来再次看课文,熟悉文本;也可以坐在老教师的课堂,听他们讲课的重要训练点在哪里。但我们不能仅仅研究应试的东西,还得研究怎样保持学生对语文课的热爱,不反感上语文课。所以,仅有应试是远远不够的。学生不但有考重点高中的追求,要学知识,同时,他们还有情感上成长的需要,还有对其他一些真、善、美的追求,而语文课是人文性与工具性相结合的课程,我们不能在教学的过程中把它仅仅弱化为应试的工具,这样,不但学生失望,连我们自己也会越来越反感自己的!

我觉得,作为新教师,在备考点的同时,还要备出自己对文本的理解。有时候,我们面对一篇文章,可以先看看自己对文章的理解是什么,自己认为这节课的重点是什么。听了课之后,再看老教师认为重点难点是什么,思考为什么自己与老教师的把握有差距,自己该怎么处理这种差距。

你也可以多看看网络上别人的教案设计,然后,吸取其中的一两点成为自己的。但是绝对不能全盘照收。

我觉得,备好课之后对自己的课进行拷问,能更好地明确自己的教学目标。例如,面对自己写好的教案,你可以经常问问自己:我要教什么?怎么教?问问自己:学生要学习什么?我教的是不是学生要学的?

总之,作为新教师,备课是最占时间、最消磨人精力的事情。我那时候经常一个上午一个字也没动,不知道该怎么写,不知道从哪里入手。等到晚上熬夜写教案的时候,才勉强憋出一点东西来。其实,这个思考的过程很重要。不要害怕,大家都是这样过来的。当然,如果你想轻松,也可以抄抄网上的教案,只是,这样做的代价是:三五年之后,你仍然像一个新手一样稚嫩。

我自己因为走了一点弯路,所以,到第一届的初三时,在备课方面才慢慢有了自己的一点想法。其实,大家完全可以提前一年进入比较有主见的阶段。

四、上课以及作业

备好课之后的上课,是一个更加需要现场历练成长的过程。说不尽个中的滋味,本书前面的章节中已经有所体现,我这里就不再赘述了。

上完课之后的批改作业,则更多的是眼睛与手的协调工作,也是件体力活,批改多了,就成了熟练工。我不建议布置很多的作业,这样学生和老师都辛苦。但是,又不能没有作业,因为学习了之后,需要课堂反馈。没有反馈,你不清楚自己的课堂效果怎么样。所以,我觉得,批改作业的主要的目的是了解学情,知道学生学会了什么,还有什么不懂,知道自己哪里讲到位了,哪里没有讲透,为自己明确接下来的努力方向。

批作业,一定要做好作业记录,批好之后及时找相关的学生处理作业中的问题。我一般是在课间的时候直接到教室找学生。这两年有点偷懒,就把学生叫到办公室。其实,还是自己到教室去更好。这样学生比较自在,我们也可以了解学生的课间生活。

五、重视作文,重视评价和修改提高

作文教学是语文教学的有机组成部分,中考 60 分的赋分权重使每一位语文教师都不敢有丝毫懈怠。我们作为新教师,面对作文课可能会手足无措。我的第一届语文教学,在作文教学这一块做得比较好的是评价,我会根据不同学生的不同情况,从错字、病句、不规范标点到审题、立意、选材、谋篇布局等某一个或两三个方面写几句评语。批不仅仅是挑刺儿,指出缺点和不足,更重要的是发现优点和长处,彰显优势和潜力,最大限度地将对学生的激励发挥到极致。对于选出来的优秀作文,批改时毫不吝啬地予以赞美,大加褒扬,然后,把好的作文张贴在教室后面的"学习园地",这样做对优秀学生的鼓励作用是很明显的,有的学生会希望每一次都张贴出自己的文章,有的学生会希望自己的文章能够上"学习园地"。但是,第一届我忽视了对作文不好的同学的帮助。

我的第二届语文教学,作文这一块,吸取了李镇西老师的模式,学到了一鳞半爪的功夫。李老师的作文课是分板块进行的,我采取的是其中的五个板块,分别是榜上有名、佳作亮相、片段欣赏、出谋划策、恕我直言。

其中"榜上有名"是在作文课一开始就表扬上次作文写得很好或者是比较好的同学,把这些同学的名字报一遍,根据情况,表扬十几个甚至几十个学生;然后,从这一批写得榜上有名的作文中挑出两三篇写得最好的进行"佳作亮相",亮相的方式是请这些同学自己上讲台朗读自己的作文,读完之后请写得好的同学谈谈自己是怎么构思、怎么选材的,自己对这篇文章最满意的地方是哪里,自己觉得哪里还可以修改完善。这个环节根据课堂情况互动。接着,请一部分片段写得好的同学上台读自己的精彩片段,老师要注意点评或者请同学点评。"出谋划策"是选出学生作文中比较有代表性的一篇,通过投影,请大家一起评论写得好的地方和需要修改的地方,然后一起修改。"恕我直言"则是请大家修改作文的某一处或者几处。后面两个板块经常是需要整整一节课的。所以,四个板块,你可以根据实际情况适当调整。

李老师的这种设计,很好地鼓励了作文优秀的同学,使他们把作文写得更加漂亮;也指导了作文不好的同学,让他们在修改中提高作文水平。

我的第三届作文教学则是结合李老师的板块,然后,重点放在作文的互相修改和指导学生自己单独修改的训练上。我相信,作文除了可以写出来,也是可以修改出来的。

六、开展语文活动,只有活动,才有活力

1. 每节一讲,持之以恒重养成。

每节一讲,指的是每天语文课前的三分钟或五分钟即兴演讲,雷打不动。即兴演讲形式不拘,内容广泛。可以是针对日常学习生活发表的见闻感想;可以是一句名言引发的你对某个问题的认识思考,还可以是你读到的一篇美文的精彩朗诵或流利背诵……总之,不管讲什么、怎么讲,必须做到天天讲、讲得好。也许有人会说,有这个必要吗?中考最终是要让学生答到卷面上的,讲得怎样,似乎不必苛求。《初中语文新课程标准》将教学目标划分成"阅读与鉴赏"和"表达与交流"两大板块,语文教材早在新课程方案出台时就将"写作、口语交际"相提并论,口语交际不仅仅锻炼了学生口才,还极大地促进了学生的思维品质和认识水平,有力地促进了学生写作水平的提高。听得多了,说得多了,不仅为阅读、写作打下了基础,为仿句、造句开拓了思路,增强了语感,提高了整个语言运用的素质,也让学生树立起了自信。

2. 可以开展手抄报比赛、作文比赛、演讲比赛、辩论赛等活动。

活动的开展会让学生更多地阅读和思考,让语文教学生机勃勃。具体的开展活动的方式大家可以自己去摸索实验。

以上的六点就是我投入语文教学的成长历程中做得比较用心、感受比较深的部分,也就是我所说的"人与出的辩证发展"的"人"的部分,其实就是脚踏实地充满热情地探索和付出。可是,一味的付出是要透支的,我们还得学会从烦琐的日常教学工作中抽离出来,休息整顿一下疲劳的身心,给自己加油充电,以便更好地投入永远做不完的工作之中。

接下来要跟大家聊聊我个人成长的第二个方面,对"出"的处理。"出"在字典里解释为"从里面到外面",我所说的到外面包括两个方面:

一、及时记录,及时反思

坚持写教学反思、教育教学随笔、教学日记,及时记录下自己的成长,这是我深有感触的经验。从教十余年来,我从一个初出茅庐的小女生成长为一个对教育有一定思考的教师,"反思"是一个重要的经验。多年来我有一个习惯:每一堂课我自己上下来后,认真整理、思考每一个环节,看看哪里做得还可以,哪里还可以改进,然后再把这些体会记录下来。有时是直接记录在备课本上的"授后小记"这一栏;有时是在周末的时候记录在自己的"成长轨迹"笔记本上。工作两年有了一点积累之后,在寒暑假的时候我就把自己的反思再系统地看一遍,顺便写点东西,于是,慢慢诞生了自己的第一篇稍微像样一点的论文。

反思,对于我来说,是一种调整和休息。它让我以旁观者的身份看待深陷其中的自我,能够看出些问题或者找回些自信,获得一种满足。特别是上了公开课之后的反思,特别能够看清楚自己到底有哪些优点、哪些不足。

在这里,我想说:工作之后,如果你还可以听到真诚的表扬或者真诚或尖锐的批评,那么,千万要珍惜,要感恩!特别是正确的批评的声音,你要学会分辨和珍藏,然后,想尽办法慢慢改进。

我进步最快的时候,大概就是写反思写得最多的时候,也就是前面的五六年吧!厚厚的笔记本六七个,都是那时候积累起来的。

后来,养小孩,做手术养病,写得就少了一些,但是也没有停止过反思。再后来,我参加了昆山市的语文青年教师读书会,看书与反思就更加成为我生活中的一个有机组成部分了。不过,笔记本上的反思变成了敲在电脑里的文字,慢慢就形成了自己的论文里的观点。所以,我要讲的走出教学的第二点,就是——

二、看书笔记,活跃思维

总是待在一个固定的圈子里面容易成为井底之蛙自以为是,只见树木不见森林。所以,刚开始的确是要投入,但是也不能太投入了。太投入,容易一根筋,不知道变通,遇到挫折的时候,整个人容易极度的失望,甚至是绝望。我们要时不时走出自己学校的圈子,看看外面的世界。走出来,是为了更好地投入进去!

我们走出来的方式可以是出去走走,投入自然,旅游,观光;也可以是跟其他行业的朋友沟通、交流;还可以是与自己的亲朋好友嗨一下……每个人走出原有圈子的方式不一样,只要适合你,都可以。

这其中,我比较喜欢的是出去走走和在家里面看书或者去图书馆坐坐。这些年,让我受益最深的走出去的方式大概就是看书和读书了。我2002年参加工作,2003年到2005年,每年暑假参加大概两门功课的考试,然后考了"对外汉语教师"的高级资格证。那时候,拿这个资格证需要考现代汉语、古代汉语、中国现当代文学、现当代文化、语言学等。所以,我等于是离开大学校园之后又重新复习了一下这些专业的知识,自然增加了一些积累。2006年和2007年开始,我根据对自己的判断,开始扩大视野,看一些名家的课堂实录,像李镇西、郑桂华、铁皮鼓、王开东、窦桂梅等,看他们的课堂实录,经常让我有马上到课堂上实战一下的冲动,所以阅读很好地保持了我的教学热情。2008年的暑假,因为意识到自己需要充电,否则找不到方向,我又报考了苏州大学的教育硕士,以216分考取,2009年的暑假我就坐在苏大的校园上课了。2010年和2011年,为了写毕业论文,自然又看了一大堆的书。我与书一路相伴,在阅读中平静心灵,休息身心;在阅读中,不断地找到时不时被琐事所困的真实的自我。

回过头来,看自己与考试与阅读相伴的这10年,我发现,阅读其实也是一种专业知识上的引领、指导,在教师个人的成长过程中,总有困惑,总有迷惘,这些问题对于教师个人而言,是不容易解决的,即使是教学科研氛围很好的学校,对于同一群体而言,长期的同质化研究也容易导致低水平的重复,不容易形成突破,这时候我们就需要专家、专业人员的指导,比如看名家的著作,还有就是思想上的引领,在我看来,光有系统的专业知识是远远不够的,我们还要思考:我要成为一个什么样的教师?我的目标是什么?这时,专业人员的成长经历会给我们很多启示。从这个意义上说,专业引领更是一种人生的影响、一种自觉的唤醒。虽然隔行如隔山,但是整个世界毕竟是相通的,看其他的一些有智慧的杂书,一样的对自己会有所启发!所以,我喜欢阅读,就像喜欢到外面的自然世界走走看看一样。阅读,就像呼吸新鲜空气一样,可以让我们有时不免灰暗的日子变得神清气爽。

还有一种走出去的方式是学校和教研室组织的外出观摩学习活动。我个人也得到了多次学习、进修的机会,聆听了一些专家的讲座。所以,如果学校安排我们年轻教师外出听课,不管到哪里,不要嫌辛苦,也不要担心耽误自己抓几个调皮学生的时间,其实,出去换口气可能比你在学校备一节课或者抓几个学生来得更有实效,只是这种作用不是立竿见影而已啦!

所以,我很感激教研室宋静娴老师和李红英校长、邵平校长、李诗玉校长以及学校教导处,他们给我提供了很多学习锻炼的机会。正是这些外出学习锻炼让我进一步明确了自己在学校应该做些什么、怎么做。所以,"出"与"入"是一对矛盾的统一体,它们是彼此促进的。

以上是我教学生活的两点经验,从长远的发展来说,后两点可能更加重要。

总之,作为新教师,我们需要主动规划,需要勤奋钻研,更需要坚持、探索。

作为教师,不仅是一个学者,更应该是一个研究者、探索者!在探索研究的过程中与学生一起成长!在探索的过程中,有很多事情其实并不是"非这么做才行",你"这样做也可以""那样做也可以",关键是发挥自己的主动性,勇于尝试,勇于挑战!既然是尝试,失败就很正常,不要太在意,而成功只代表更大的挑战、更多的困难需要突破!只要不停下前进的脚步,总有一天你会拥有属于自己的绿意花香。

参 考 文 献

维果茨基.维果茨基教育论著选[M].北京:人民教育出版社,2004.

王荣生.语文科课程论基础[M].上海:上海教育出版社,2003.

张鸿苓编.语文教育学[M].北京:北京师范大学出版社,1993.

刘国正编.叶圣陶教育文集[M].北京:人民教育出版社,1994.

陈家麟.学校心理健康教育(原理与操作)[M].北京:教育科学出版社,1995.

埃德加富尔.学会生存[M].北京:教育科学出版社,1996.

莫雷.中小学心理教育基本原理[M].广州:暨南大学出版社,1997.

区培民.语文课程与教学论[M].杭州:浙江教育出版社,2003.

张焕庭.西方资产阶级教育论著选[M].北京:人民教育出版社,1979.

岳晓东、祝新华.中小学心理辅导实用理论与技巧[M].北京:北京师范大学出版社,2000.

倪文锦编.初中语文新课程教学法[M].北京:北京高等教育出版社,2003.

钟启泉,崔允郭,张华编:基础教育课程改革纲要(试行)解读[M].上海:华东师范大学出版社,2001.

孙义农编.初中生心理辅导[M].杭州:浙江大学出版社,2002.

张大均编.教育心理学[M].北京:人民教育出版社,2003.

孙绍振.孙绍振解读经典散文[M].北京:中华书局,2015.

孙绍振.孙绍振如是解读作品[M].福州:福建教育出版社,2007.

于漪.于漪教育教学求索[M].北京:北京师范大学出版社,2005.

黄厚江.语文的原点:本色语文的主张与实践[M].南京:江苏教育出版社,2011.

朱行能.写作思维学[M].北京:人民出版社,2007.

高语罕.作文与人生[M].北京:首都经济贸易大学出版社,2012.

余映潮.余映潮的中学语文教学主张[M].北京:中国轻工业出版社,2012.

周振甫.小说例话[M].南京:江苏教育出版社,2005.

陶行知.陶行知文集[M].南京:江苏教育出版社,2008.

皮连生.基础教育课程改革纲要(试行)的心理学基础[M].上海:上海教育出版社,2004.

王宏甲.中国新教育风暴[M].北京:北京出版社,2004.

俞国良.心理健康教育(学生用书)[M].北京:高等教育出版社,2005.

王小明.教学论——心理学取向[M].上海:上海教育出版社,2005.

董蓓菲.语文教育心理学[M].上海:上海教育出版社,2006.

刘儒德等.教育中的心理效应[M].上海:华东师范大学出版社,2006.

邰启扬,徐志勤.语文教育论—心理学视角的探索[M].北京:社会科学文献出版社,2007.

卢梭.爱弥尔[M].天津:天津人民出版社,2008.

(美)JoneRuscio.心理学带你走出思维误区[M].华东师范大学出版社,2008.

张文质.教育是慢的艺术——张文质教育讲演录[M].上海:华东师范大学出版社,2008.

王家伦编.作文就是联想与想象[M].江苏大学出版社,2009.

赵国忠编.教师最需要的心理学[M].南京:南京大学出版社,2009.

叶圣陶.叶圣陶语文教育论集[M].北京:教育科学出版社,1980.

朱作仁.小学语文教学心理学研究综述(上)[J].课程教材教法,1989(06).

班华.心育刍议[J].教育研究,1991(5).

燕国材.关于心理教育的几个问题[J].江西教育科研,1993(2).

莫福.在语文教学中渗透心理健康教育[J].新论视窗.

李海林.语文课程改革的进展、问题及前瞻[J].语文建设,2006(3).

赵莉.语文学科中渗透心理健康教育的策略[J].素质教育论坛,2010(12).

陈思.初中生语文阅读心理及教学策略研究[D].吉林:东北师范大学,2006.

周静.初中语文情境教学研究[D].上海:华东师范大学,2009.

高雪梅.高中语文教学中学生健康心理问题的研究[D].苏州:苏州大学,2009.

顾振彪.尽快建立科学的语文教学体系[N].光明日报.

全日制义务教育语文课程标准(实验稿)[S].北京:北京师范大学出版社,2001.